THOMAS HOHENSEE

Intuitiv leben

Folge deiner inneren Stimme

SCORPIO

Thomas Hohensee ist Autor von mehr als zwei Dutzend Büchern, darunter Bestseller wie *Glücklich wie ein Buddha* und *Gelassenheit beginnt im Kopf*. Hunderttausende LeserInnen in zehn Ländern haben durch seine Bücher gelernt, glücklicher, gelassener und liebevoller zu leben.

Als Life Coach ermutigt er seine KlientInnen, sich durch ihre Glücksgefühle den richtigen Weg in ihrem Leben zeigen zu lassen.

Er lebt zusammen mit seiner Frau in Berlin.
www.thomashohensee.de

© 2019 Scorpio Verlag GmbH & Co. KG, München
Umschlaggestaltung: Hauptmann & Kompanie
Werbeagentur, Zürich
Lektorat: Désirée Schoen
Layout und Satz: Veronika Preisler, München
Druck und Bindung: Print Consult, München
ISBN 978-3-95803-222-4
Alle Rechte vorbehalten
www.scorpio-verlag.de

Inhalt

Test: Ist dieses Buch etwas für dich?

Wovon soll man sich im Leben leiten lassen? Für viele scheint die Antwort klar. Den Beruf sucht man natürlich nach den größten Chancen auf dem Arbeitsmarkt aus. Selbstverständlich entscheidet man sich für den Job mit dem höchsten Gehalt. Die ideale PartnerIn findet man, indem man sich überlegt, wer von den infrage kommenden KandidatInnen am meisten zu bieten hat. Und bei allem, was man anzieht, geht man nach der neuesten Mode.

So weit, so gut. Aber warum sind dann nur wenige mit ihrem Leben wirklich zufrieden? Warum sind so viele unglücklich mit ihrem Beruf, ihrem Arbeitsplatz, der PartnerIn und sogar mit ihrer Frisur und ihren Schuhen. Der Schuh drückt, aber nicht nur das. Das ganze Leben drückt, und zwar nicht nur auf die Füße, sondern vor allem auf die Seele.

Liegt es am Schicksal, dass man so oft die falsche Entscheidung trifft? Klebt einem das Pech an den Fersen? Keineswegs! Das Problem ist vielmehr, dass man immer wieder seinen inneren Kompass ignoriert und stattdessen nach äußeren Kriterien entscheidet.

Als wir Kinder waren, konnte uns dies nicht passieren. Solange kein Erwachsener dazwischenfunkte, taten wir, was sich richtig anfühlte, und das war stets das, was Spaß machte. Wenn uns etwas nicht schmeckte, spuckten wir es sofort wieder aus, ohne uns um die anderen zu scheren. Wir lebten in jeder Sekunde intuitiv, das heißt von innen heraus. Niemand brauchte uns zu sagen, welchen Weg wir gehen sollten. Wir folgten einfach unserem Glücksgefühl und lagen damit goldrichtig. Nicht zufällig halten viele die Kindheit für ihre glücklichste Zeit.

Später, als die Erwachsenen meinten, dass nun der Ernst des Lebens beginnen müsse, verlernten die meisten von uns das unmittelbare, spontane Gespür für die richtige Entscheidung. Wir fingen an, Pro-und-kontra-Listen zu erstellen, und folgten der sogenannten Vernunft. Das Ergebnis? Ein Leben ohne eigene Ziele, ohne die ursprüngliche Lebenslust und ohne Freude auf den kommenden Tag.

Was tun? Ist es für immer zu spät? Leider glauben manche das tatsächlich. Dabei ist es jederzeit möglich, das Ruder herumzuwerfen. Man müsste nur wieder Kontakt zum wahren Selbst aufnehmen. Das Gespür für das, was richtig ist, ist immer noch vorhanden. Die traumwandlerische Sicherheit, das eigene Leben so zu gestalten, dass man jeden Tag jubeln möchte, wartet nur darauf, endlich wieder in Aktion zu treten.

> »Du selbst zu sein, in einer Welt,
> die dich ständig anders haben will,
> ist die größte Errungenschaft.«
>
> *Ralph Waldo Emerson*

In diesem Buch findest du eine Schritt-für-Schritt-Anleitung mitten hinein in dein authentisches Leben. Folge deinem Glücksgefühl, lautet das Motto.

PROBIER ES GLEICH MAL AUS

Falls du gerade vor der Entscheidung stehst, ob du dieses Buch kaufen und lesen solltest, frag einfach deine Intuition. Was sagt dein Bauchgefühl? Fühlt es sich eher wie ein Ja oder wie ein Nein an? Handle entsprechend, ohne weiter darüber nachzudenken.

Bevor ich es vergesse: Meine Intuition hat mir gesagt, dass ich dich duzen soll. Für mich fühlt sich das richtig an. Für dich auch? Dann ist das definitiv dein Buch!

1

Wenn die Verbindung zum wahren Selbst fehlt

Wer die Verbindung zu seinem inneren Kompass verloren hat, hat mit den verschiedensten Problemen zu kämpfen, die jedoch in ihrer ganzen Bedeutung oft nicht verstanden werden. Das wahre Selbst wirft einem Steine in den Weg und gibt die Hoffnung nicht auf, sich endlich Gehör zu verschaffen. Diese »Störfaktoren« gilt es als Erstes zu erkennen.

Aufgrund meiner langjährigen Tätigkeit als Coach weiß ich, dass die meisten Menschen sich nicht nach ihrer Intuition richten. Sie folgen nicht ihrem Glücksgefühl. Die Verbindung zum Selbst ist unterbrochen. Selbst diejenigen, die behaupten, aus dem Bauch heraus zu handeln, tun dies in wichtigen Fragen ihres Lebens – wie zum Beispiel der Partner- und Berufswahl – nicht.

Verpasste Gelegenheiten

>»In wichtigen Angelegenheiten muss man sich
weniger bemühen, die Gelegenheit herbei-
zuführen, als eine dargebotene zu nutzen.«
>
> *François de La Rochefoucauld*

Erinnerst du dich an Situationen, in denen du
dachtest »Das ist es!«, aber die Gelegenheit nicht
wahrgenommen hast? Später wurde dir klar, dass
sich dir für einen Moment eine Möglichkeit eröff-
net hatte, die gut für dich gewesen wäre. Zumindest ein bisschen bereust du diese verpassten Gelegenheiten noch heute.

Vielleicht waren es Menschen, die du getroffen
hast. Sie waren dir sympathisch. Du hast dich auf
Anhieb mit ihnen verstanden. Ihr habt euch super
unterhalten. Aber du hast es nicht geschafft, nach
einer Telefonnummer oder einem weiteren Treffen
zu fragen. Schade eigentlich.

Oder jemand hat dir im Beruf eine Tür geöffnet.
Für einen Augenblick hast du gespürt, dass dies
deine große Chance wäre. Aber dann hast du gezö-
gert, lange nachgedacht und dich am Ende dagegen
entschieden. Jahre später merkst du, dass du es dir
dadurch schwerer als nötig gemacht hast. Wieso?

Manchmal sind es »nur« die kleinen verpassten Gelegenheiten. Du hast einen Pullover gesehen, willst es dir noch mal überlegen. Als du dich nach ein paar Tagen doch für den Kauf entschieden hast, ist er in deiner Größe ausverkauft. Du versuchst, ihn in einer anderen Filiale oder im Internet zu finden. Aber nichts zu machen: Die Gelegenheit ist vorbei.

Jemand hat dich gefragt, ob du in den Urlaub mitfahren willst. Deine Seele hat für einen Moment gejubelt. Aber dann haben die Bedenken eingesetzt: keine Zeit, zu teuer, vielleicht später. Leider kommt es dann nicht mehr zu diesem Später. Wieder so eine verpasste Möglichkeit.

Kaum jemand ergreift alle seine Chancen. Und dann wundern wir uns, warum das Leben so schwierig ist. Dabei kann alles so einfach sein, wenn man zur richtigen Zeit am richtigen Ort mit den richtigen Leuten ist. Dein Glücksgefühl versucht die ganze Zeit, dir solche Gelegenheiten zu zeigen. Genauso wie es dir rund um die Uhr Warnungen schickt, wenn du dabei bist, den falschen Weg zu wählen oder einen solchen stur weiterzugehen.

Nur kann die Intuition dich nicht zwingen. Du hast die Freiheit, dich über ihre Hinweise hinwegzusetzen – leider nicht zu deinem Vorteil.

Vor zehn Minuten hatte ich einen Impuls, dir das zu sagen. Natürlich gab es tausend Gründe, mich nicht an den Computer zu setzen und diese Worte aufzuschreiben. Aber dann habe ich es doch getan. Manchmal ignoriere auch ich meine Intuition. Dann ist das Schreiben mühsam. Deshalb lasse ich mich mehr und mehr von plötzlichen Einfällen leiten. Wenn ich mich in diesen Prozess nicht einmische, läuft alles wie von selbst.

Wenig Energie

Nichts raubt einem so viel Energie wie das, was man nicht will, aber meint, tun zu müssen. Statt sich über diese Energielosigkeit hinwegzusetzen (»muss ja«), sollte man den Hinweis ernst nehmen und ergründen, welche Lösungen infrage kommen. Oft ist es der Job, der einem die Energie nimmt. Nur 15 Prozent der Beschäftigten in Deutschland empfinden ihre Arbeit als befriedigend. 70 Prozent dagegen senken den Daumen. So weit die nackten Zahlen, aber was bedeutet das konkret im Alltag? Wohin führt diese berufsbedingte Lustlosigkeit? Man schleppt sich so dahin, von Wochenende zu Wochenende. Das eigentliche Leben spielt sich nur noch in der Freizeit ab.

Langsam, aber sicher zermürbt der Beruf die Unzufriedenen. Dann fehlt irgendwann auch am Abend die Kraft, noch etwas zu unternehmen. Sogar im Urlaub will man nur noch seine Ruhe haben. Keine Energie mehr für die Freuden des Lebens.

Die Verbindung zum wahren Selbst ist verloren gegangen. Wichtige Bedürfnisse bleiben unerfüllt. Die Arbeit erscheint sinnlos. Langeweile macht sich breit. Da die Belastungen, die jeder Beruf mit sich bringt, nicht mehr durch entsprechende Freuden ausgeglichen werden, bleibt am Ende nur noch der Stress.

Das passiert leicht, wenn man sich bei der Berufswahl nur nach dem Arbeitsmarkt richtet oder den Arbeitsplatz nach äußeren Kriterien wie Bezahlung, Urlaubsanspruch und Arbeitsweg aussucht. Man hätte es besser wissen können, wäre man dem inneren Glückskompass gefolgt. Wer schon auf die Ausbildung keine Lust hat oder die Firma des potenziellen Arbeitgebers mit Widerwillen betritt, hat genügend innere Hinweise bekommen, um rechtzeitig Nein zu sagen.

Die Arbeit ist hier nur ein Beispiel für alles, was einem die Energie nimmt. Es können genauso gut die Partnerschaft, die Familie oder der Wohnort sein.

Die meisten Menschen richten sich bei ihren Entscheidungen nach der Vernunft. Aber kann man das Vernunft nennen, wenn es dem inneren Gespür zuwiderläuft? Hat es nicht mehr damit zu tun, dass man sich etwas einredet, sich etwas vormacht, etwas nicht wahrhaben will? *Doch die Intuition lässt sich nicht betrügen. Sie schweigt, aber sie gibt sich nicht zufrieden. Und sie ist unbestechlich.* Sie lässt sich weder mit Geld noch mit einem Haus, einem Auto oder anderen Ersatzbefriedigungen betäuben. Stattdessen zieht sie einem den Stecker. Die Fassade mag eine Weile, manchmal sogar Jahrzehnte, aufrechtzuerhalten sein. Aber die Lebenskraft ist geschwächt. Es fehlt die Energie. Da helfen auch keine Pillen.

PROBIER DAS MAL

In welchen Bereichen deines Lebens spürst du wenig Energie? Lass deine Antwort nicht von momentanen Ereignissen bestimmen. Es kommt auf das allgemeine Energielevel an. Wenn du beispielsweise gerade Ärger mit einer KollegIn hast, beeinflusst das deine Lust auf die Arbeit nur vorübergehend. Aber wie sieht es generell aus?

Wie würdest du deine Energie auf einer Skala von 0 bis 100 einschätzen in Bezug auf

a) deinen Beruf,

b) deinen Arbeitsplatz,

c) deine Partnerschaft,

d) deine Familie,

e) deine Hobbys?

0 heißt: Wenn ich nur daran denke, verliere ich meine ganze Kraft. 100 bedeutet: Allein schon der Gedanke daran törnt mich voll an.

Für die meisten sind das die wichtigsten Bereiche. Du kannst aber auch noch andere dazunehmen. Die Frage ist stets: Gibt mir diese Person/diese Sache Energie? Und wenn ja, wie viel?

Schlechte Laune

Ein weiteres Zeichen für die fehlende Verbindung zum wahren Selbst ist chronische schlechte Laune. Selbstverständlich ist die Stimmung bei jedem ab und zu mal auf dem Nullpunkt. Das ist normal. Abgesehen von ein paar Heiligen, die jenseits von Gut und Böse leben, schafft es niemand, rund um die Uhr, rund ums Jahr glücklich zu sein. Und bei den meisten Heiligen bin ich mir auch nicht sicher, ob es nicht eher Scheinheilige sind.

Jedenfalls ist anhaltende schlechte Laune ein Alarmzeichen. Es bedeutet, dass wichtige Bedürfnisse nicht erfüllt werden. Damit man bekommt, was man für sein Leben und sein Glück benötigt, braucht man ein gut funktionierendes Leitsystem, und das ist die Intuition.

Beispiel Beziehung: Wenn du eine PartnerIn suchst, musst du ein Gespür dafür haben, wer für dich richtig ist. Solange du dich an äußeren Kriterien wie Aussehen, Status oder Geldbeutel orientierst, ist die Partnersuche ein Lotteriespiel. Dasselbe gilt, wenn du dich total von deinen Hormonen oder Emotionen treiben lässt. Dann besteht die große Gefahr, dass du mit dem/der Falschen aufwachst und frustriert bist. Bleibst du mit dieser Person länger zusammen, ist chronische schlechte Laune vorprogrammiert.

Oder stell dir vor, du hast den falschen Beruf gewählt. Das ist mir passiert. Als ich 20 Jahre alt war, interessierten mich meine Rechte und Pflichten und wie eine gerechte Gesellschaft aussehen könnte. Aber als fertig ausgebildeter Jurist wurde mir schnell klar, dass ich in diesem Beruf völlig falsch bin. Nicht jedes Interesse taugt für einen Beruf. Ich beherrschte das juristische Handwerk zwar, war aber mit meiner Wahl unglücklich.

Wäre ich meiner Intuition gefolgt, hätte ich gleich etwas mit Psychologie gemacht und Bücher geschrieben; denn von Anfang an war klar, dass mich das mehr interessiert als alles andere.

Immerhin habe ich dann die richtige Konsequenz gezogen. Es ist nie zu spät für einen neuen Anfang. Genau genommen hatte ich gar keine andere Wahl, es sei denn, ich hätte meine ständige Missstimmung behalten wollen.

Schlechte Laune heißt nicht, dass man die ganze Zeit mit anderen streitet oder Trübsal bläst. Manchmal bedeutet es einfach, dass ein Grauschleier über dem Leben liegt, den man nicht wegbekommt, wenn man so weitermacht wie bisher.

Falls du also anhaltend mies drauf bist, ist es ratsam, dich mal zu fragen, womit du so unzufrieden bist. Meist sind es nur ein oder zwei Punkte, die nicht stimmen. Handelt es sich dabei um wichtige Bereiche wie die Partnerschaft, den Beruf, den Arbeitsplatz oder den Wohnort, kann das auf alles andere abfärben.

Such dabei nicht in deiner Vergangenheit. Sie ist vorbei. Wenn du jetzt unglücklich bist, liegen die Ursachen in der Gegenwart.

Jedenfalls ist es wesentlich einfacher, Kontakt mit seinem Innersten aufzunehmen und die notwendigen Veränderungen vorzunehmen, als zu versuchen, das unglückliche Leben fortzusetzen. Manche sagen, dass sie es sich nicht leisten können, den Beruf oder den Arbeitsplatz zu wechseln oder sich scheiden zu lassen. Die eigentliche Frage lautet jedoch: Kann man es sich leisten, die innere Stimme zu überhören?

Missgeschicke

»Der einzige Tyrann, den ich in dieser Welt anerkenne, ist die leise innere Stimme.«
Mahatma Gandhi

Dein wahres Selbst lässt nichts unversucht, um dich straucheln zu lassen, wenn du die Verbindung zu ihm verloren hast – auch im wortwörtlichen Sinn: Du bist auf dem Weg zu einem Treffen, das dein Ego für eine gute Sache hält, dein Innerstes aber nicht, und dann stolperst du, verletzt dich und kommst nie an.

Du kannst dir nicht erklären, wie das geschehen konnte, aber im Nachhinein erweist sich das Stolpern als ein Glücksfall.

Du steigst versehentlich in den falschen Zug und versäumst dadurch einen Termin. In wichtiger Runde redest du gegen deine Gewohnheit die ganze Zeit Unsinn oder machst dich durch dein Verhalten unmöglich. So macht dir das Unbewusste einen Strich durch die Rechnung. Es möchte dich davor bewahren, noch größere Fehler zu machen. In der Wahl seiner Mittel ist es dabei nicht unbedingt zimperlich. Manchmal bricht dein ganzes Leben auseinander: Deine Ehe scheitert, das Haus muss verkauft werden, du wirst entlassen. Erst viel später erkennst du, warum das so kam: dass es kein Unglück war, sondern dir geholfen hat, die Verbindung zu dir selbst wiederzufinden.

Nun ist es nicht so, dass jedes Missgeschick oder Unglück ein Zeichen zur Umkehr ist. Was es bedeutet, kannst du mithilfe deiner Intuition herausfinden. War es ein Zufall? Was sagt deine innere Stimme dazu? Enthält der Vorfall eine Botschaft? Welche?

Frag deine Intuition. Sie wird dir gleich oder später eine Antwort geben.

Der amerikanische Hypnotherapeut Milton Erickson hat sich in seiner Arbeit stets von seinem Gespür leiten lassen und war außergewöhnlich erfolgreich damit. Er gilt manchen seiner Kollegen bis heute als eine Art Zauberer oder doch jedenfalls als genialer Heiler.

Wenn ihm etwas nicht einfiel, war er davon überzeugt, dass dies schon seinen Sinn habe, auch wenn er diesen nicht sofort verstand. Umgekehrt griff er spontane Einfälle auf, sofern sie zu passen schienen. Nie folgte er starren Regeln oder Lehrbuchweisheiten. War er vielleicht deshalb so erfolgreich in seiner Arbeit und in seinem Leben?

Die Seele hofft immer, dass du endlich merkst, wenn du auf dem falschen Weg bist. Sie gibt dir ständig Zeichen, ob deine Richtung stimmt oder nicht.

Ich zum Beispiel habe mich heute den ganzen Tag vom Schreiben abgehalten. Mein Innerstes hat das weitgehend toleriert. Doch jetzt am späten Nachmittag wurde der Widerstand gegen weitere Ablenkungen so groß, dass ich doch lieber die Datei mit dem Manuskript auf meinem Computer gestartet habe. Und siehe da: Das Schreiben fällt mir leicht. Es ist ein reines Vergnügen, Wort an Wort zu reihen.

Das meine ich damit, wenn ich sage, dass es deutlich spürbar ist, ob man auf dem richtigen Weg ist oder nicht. Man kann sich darüber hinwegsetzen, sollte dies aber nicht auf Dauer tun. Dann braucht die Seele nicht zu Zwangsmitteln zu greifen.

Krankheiten

»Es ist der Geist, der sich den Körper baut.«
Friedrich Schiller

Zu den gravierenderen Signalen, dass die Verbindung zum wahren Selbst unterbrochen ist, zählen Krankheiten. Ein besonders eindrucksvolles Beispiel hierfür ist die Geschichte von Phoebe

Snetsinger. Tödlich gelangweilt von ihrem Leben in der amerikanischen Provinz, entwickelt sie mit 50 Jahren Hautkrebs im Endstadium. Ihr einziges Hobby ist das Beobachten von Vögeln. Statt sich einer aussichtslosen Behandlung zu unterziehen, beschließt sie, ihre letzten Wochen ganz ihrer Lieblingsbeschäftigung zu widmen. Sie reist nach Alaska, um seltene Vogelarten zu beobachten. Als sie wieder zu Hause ist, hat der Krebs sich zurückgebildet.

Obwohl sie in den folgenden 18 Jahren bei ihren Expeditionen rund um die Welt lebensbedrohliche Zwischenfälle überstehen muss und auch die Krebserkrankung ihr gelegentlich zu schaffen macht, gelingt es ihr, fast die gesamte Vogelwelt zu bestaunen. Als sie ihr neues Leben beginnt, sind 8500 verschiedene Vogelarten bekannt. Bis zu ihrem Tod sieht sie 8398 davon. Vier Monate im Jahr ist sie unterwegs, die übrige Zeit liest sie Fachliteratur und dokumentiert ihre Reisen.

Sie stirbt mit 68 Jahren nicht an ihrem Hautkrebs, sondern während einer Expedition auf Madagaskar bei einem Verkehrsunfall.

Phoebe Snetsinger ist kein Einzelfall. Lawrence LeShan berichtet in seinem Buch *Diagnose Krebs. Wendepunkt und Neubeginn* von ähnlichen Biografien. Bei seiner Arbeit mit Krebspatienten stellt er fest, dass das Leben vieler Menschen bereits vor ihrer tödlichen Erkrankung von stiller Verzweiflung geprägt ist. Aus den unterschiedlichsten Gründen leben sie nicht so, wie es ihnen entspricht. Als LeShan sie dabei unterstützt, ihre Lebensfreude wiederzufinden, überwinden einige seiner PatientInnen den Krebs.

Es ist sehr umstritten, inwieweit Krankheiten eine Bedeutung haben und ob sie den Erkrankten eine Botschaft übermitteln wollen. Die herrschende Meinung lehnt diesen Standpunkt vehement ab. Als Auslöser von Krankheiten gelten allein Bakterien, Viren und andere von außen kommende Krankheitserreger.

Andererseits ist ÄrztInnen und PatientInnen eine ganzheitliche Betrachtung der Krankheitsursachen seit jeher nicht völlig fremd. Die Krankheitslehre der Psychosomatik kennt sehr wohl Zusammenhänge zwischen Körper, Geist und Seele. Zusätzlich bezieht sie auch soziale Bedingungen mit ein. Die neuere Entwicklung der Psychoneuroimmunologie meint im Prinzip dasselbe.

Dass Stress am Ausbruch oder der Verschlimmerung von Krankheiten beteiligt ist, gilt inzwischen als sicher.

Trotz der Einwirkung von Bakterien und Viren stellt sich die Frage, warum die Abwehrkräfte des

Kranken versagt haben. Normalerweise stellen die Selbstheilungskräfte des Menschen seine Gesundheit wieder her. Doch warum ist das manchmal nicht der Fall?

Fast jeder hat schon von Personen gehört, die ein bestimmtes Ereignis noch erleben wollten und tatsächlich ihren Tod bis zu diesem Zeitpunkt hinauszögern konnten.

Es sterben mehr Menschen in den Wochen nach ihrem Geburtstag als in den Monaten zuvor.

Montags melden sich mehr Angestellte krank als an den übrigen Wochentagen.

Alles nur Zufall?

In jedem Fall lohnt es sich, bei leichteren – aber auch bei schwereren – Erkrankungen zu überlegen, ob sie etwas zu bedeuten haben. Was will einem der Körper sagen? Macht das Leben Spaß? Ist da ein Sinn, der einen alle Anfechtungen ertragen lässt? Folgt man noch seinen Glücksgefühlen? Oder ist man mehr oder weniger von seinem Weg abgekommen?

Dinge aufschieben

Manche halten das Aufschieben für eine Charakterschwäche. Sie meinen, es fehle einigen Menschen an Disziplin und Willenskraft. Angeborene oder erworbenen Faulheit müssen als Begründung herhalten, wenn es jemand nicht schafft, seinen Pflichten nachzukommen.

Mag sein, aber sind das die wahren Gründe? Ein Freund von mir war bekannt dafür, dass ihm chronisch die Kraft fehlte, um zu arbeiten. Häufig war er krankgeschrieben. Er lamentierte und hatte den Blues. Wenn es allerdings darum ging, Tennis zu spielen, seine Lieblingsmusiker live zu hören oder Reisen zu unternehmen, kehrten seine Lebenskräfte wie durch ein Wunder sofort zurück.

Eltern und Lehrer klagen oft darüber, dass ihre Kinder und Schüler keine Lust zum Lernen haben. Sie sind unaufmerksam, können nicht still sitzen, schwänzen die Schule und machen ihre Hausaufgaben nicht. Dieselben Kinder können jedoch mühelos lernen, wenn sie sich mit ihren Lieblingsthemen beschäftigen. Sie werden nicht müde, Fußball zu spielen, im Internet zu surfen und allein oder mit anderen unterwegs zu sein.

Was spielt sich da ab?

Besonders junge Menschen reagieren noch empfindlich, wenn man sie daran hindern will, Spaß zu haben. Sie lassen sich zum Leidwesen vieler Erwachsener nur schwer davon abbringen, ihren Glücksgefühlen zu folgen.

Albert Einstein war ein Schulversager, aber er interessierte sich brennend für Physik. Thomas Alva Edison galt seinen Lehrern sogar als geistig zurückgeblieben. Es fiel ihm jedoch leicht, Erfindungen wie die Glühbirne zu machen und Städte von Kerzenlicht auf elektrische Beleuchtung umzustellen.

Nicht wenige lassen sich jedoch diese Entdeckerfreude austreiben. Irgendwann tun sie nur noch das, was man ihnen sagt, allerdings um den Preis ihres Lebensglücks sowie ihrer Vitalität. Lustlos erfüllen sie ihre Pflichten; schieben die Aufgaben, solange es geht, hinaus.

In Wirklichkeit sind das sehr gesunde Reaktionen auf eine Umwelt, in der Zwänge vorherrschen. Noch besser wäre es allerdings, die Verbindung zum wahren Selbst wieder aufzunehmen und Wege zu finden, seine vitalen Interessen trotz aller inneren und äußeren Widerstände zu verwirklichen. Dann ist das Aufschieben keine Option mehr.

Uninspirierte Entscheidungen

»Überall geht ein früheres Ahnen
dem späteren Wissen voraus.«
Alexander von Humboldt

Emotionen sollten bei wichtigen Entscheidungen außen vor bleiben, heißt es. Sie seien keine verlässliche Grundlage, um das weitere Vorgehen zu beschließen. Tatsächlich ist es wenig ratsam, sich zu etwas hinreißen zu lassen, was man später bereut. Angst, Wut und Niedergeschlagenheit sind keine guten Ratgeber.

Als Alternative wird oft vorgeschlagen, eine Tabelle anzulegen. In ihr stellt man die Gründe für und gegen eine Entscheidung gegenüber. Hat man das gesamte Pro und Kontra erfasst, zählt man aus, was überwiegt. So stellen sich viele eine rationale, von Emotionen befreite Entscheidungsfindung vor. Als Variante kommt noch in Betracht, einzelne Argumente zu gewichten, bevor man überlegt, zu welcher Seite sich die Waagschale neigt.

Wirklich befriedigend sind beide Verfahren nicht. Emotionale Entscheidungen stellen sich häufig als übereilt und kurzsichtig heraus. Im ersten Moment fühlt man sich mit ihnen vielleicht noch wohl, aber schon bald zeigt sich, dass man lieber hätte warten sollen, bis man wieder einen kühlen Kopf hat.

Rein rationale Entscheidungen erweisen sich jedoch auch nicht immer als richtig. Indem man seine Emotionen ausklammert, schließt man meist auch die Intuition mit aus. Dabei wäre das Gespür für die richtige Entscheidung genau der Kompass, den man bräuchte, um seinen Weg zu finden.

Die Intuition weiß mehr als der Verstand und sie ist auch den Emotionen überlegen. Leider wird sie von vielen nicht wahrgenommen. Die Gefühle überlagern das feine Gespür für die richtige Entscheidung. Sie sind gröber und drängen sich in den Vordergrund, während die Intuition darauf wartet, bemerkt zu werden.

Ähnlich verhält es sich mit den Argumenten, die der Verstand liefert. Sie sind laut und sofort zur Stelle. Das Ego behauptet, immer alles besser zu wissen. Die Intuition dagegen braucht etwas Zeit, sich zu sammeln. Sie spricht mit leiser Stimme und tritt nie besserwisserisch auf, obwohl sie es ist, die Bescheid weiß.

Genau deshalb lassen sich so viele Menschen von ihren Emotionen oder ihrem Verstand beherrschen. Besser wäre es, eine dritte Instanz zurate zu ziehen, nämlich die Intuition. Ohne die Verbindung zum wahren Selbst bleiben alle Entscheidungen uninspiriert.

In kleinen Dingen mag das keine Rolle spielen. Doch wenn es um wichtige Angelegenheiten geht, kann man es sich nicht leisten, auf die innere Weisheit zu verzichten. Gegen eine ungute Ahnung zu handeln ist der gerade Weg ins Unglück.

PROBIER DAS MAL

Experimentiere bei zukünftigen Entscheidungen einmal mit verschiedenen Auswahlmethoden. Am besten fängst du bei kleinen Dingen an. Angenommen, du wirst zum Essen in ein Restaurant eingeladen: Welche Speisen wählst du? Dein Verstand sagt vielleicht, dass du das teuerste aussuchen solltest. Das ist die Gelegenheit, etwas zu essen, was du dir selbst nicht leisten würdest. Die Emotionen stürzen sich dagegen auf ein superleckeres Menü, von dem du allerdings bereits weißt, dass es dir nicht so gut bekommt. Und die Intuition? Wozu rät sie dir?

2

Die Verbindung wieder aufnehmen

Wenig Energie, schlechte Laune, uninspirierte Entscheidungen, all das sind Zeichen, dass der Kontakt zu deinem wahren Selbst abgerissen ist. Sobald du in der Lage bist, diese Signale wahrzunehmen, kannst du die Verbindung zu deiner Intuition wieder aufbauen. Genauso wie für den Verlust gibt es klare Indizien für die Wiederherstellung der inneren Verbindung.

Die Intuition, gerade in Form der Glücksgefühle, weist einem immer den richtigen Weg (und nicht nur manchmal). Ohne den Gebrauch der Intuition ist man in großer Gefahr, sein Glück und seine Bestimmung im Leben zu verfehlen.

Es gibt deutliche, körperlich spürbare Signale, ob man sich auf dem richtigen Weg befindet oder nicht. Sowohl innere als auch äußere Anzeichen lassen erkennen, ob die Verbindung zum wahren Selbst intakt ist oder nicht.

Den Körper spüren

»Der Körper ist der Übersetzer
der Seele ins Sichtbare.«
Christian Morgenstern

Ein guter Einstieg, um die Verbindung zum wahren Selbst wiederherzustellen, besteht darin, seinen Körper wahrzunehmen.

Solange man ständig mit seinen Sinnen in der Außenwelt ist, kann man sich nicht mehr wirklich spüren. Wer dauernd das Ohr am Smartphone hat, per Headset telefoniert, um gleichzeitig laufen oder Auto fahren zu können, oder sich mithilfe eines Kopfhörers mit Musik beschallt, ist in Gefahr, den Kontakt zu sich zu verlieren. Fehlt nur noch eine Videobrille und der Bruch mit der Realität ist komplett.

Diese Entwicklung schreitet auch dadurch voran, dass immer mehr digitale Helfer die direkte Verbindung mit dem Körper zu ersetzen scheinen. Ob man noch Puls hat, liest man von der Smartwatch ab. Auch andere Vitalfunktionen wie Atemfrequenz, Blutdruck und Körpertemperatur werden digital erfasst und aufgezeichnet. Bei Unregelmäßigkeiten kann automatisch ein Arzt benachrichtigt werden. Wenn das so weitergeht, braucht man irgendwann einen Computer, um festzustellen, ob man noch lebt.

Dabei ist es auch ohne technische Hilfsmittel relativ einfach herauszufinden, wie es dem Körper geht. Alles, was man dafür braucht, ist Aufmerksamkeit.

PROBIER DAS MAL

Noch während du dies liest, kannst du kurz checken, wie sich deine Füße anfühlen. Allein schon das Wort »Füße« reicht, um die Verbindung herzustellen. Weiter geht's: Gesicht, Mund, Zunge, Kiefer, Stirn, Augenbrauen, Augen, Nase. Spürst du sie? Deine Hände, deine Arme, deine Beine: Merkst du, wie das Körperbild vollständiger wird? Fehlen eigentlich nur noch Hals, Rücken, Bauch, Brust, Becken und Gesäß.

Wenn du willst, kannst du das Ganze auch systematischer angehen. Du fängst bei den Füßen an und wanderst mit deiner Aufmerksamkeit langsam nach oben bis zum Kopf. Oder umgekehrt vom Kopf bis zu den Füßen.

Wichtig ist nur, dass du dir überhaupt ab und zu die Zeit nimmst, dich zu spüren.

Leider nehmen viele Menschen ihren Körper nur dann wahr, wenn er schmerzt. Diese Schmerzen sind das letzte Mittel der Seele, um jemanden an seinen Körper zu erinnern. Lass es nicht so weit kommen. Wenn du in gutem Kontakt mit dir bist, nimmst du schon kleine Irritationen wahr. Je eher du darauf reagierst, desto wahrscheinlicher vermeidest du größere körperliche Probleme.

Die Übung, bei der du deinen Körper einmal durchspürst, heißt Body-Scan. Etwas zu scannen bedeutet, es zu untersuchen, abzutasten oder zu überfliegen. Das trifft es sehr gut. Beim Body-Scan untersucht man seinen Körper mithilfe seines Spürsinns. Man tastet ihn innerlich ab. Das kann sehr schnell gehen, sofern man geübt ist. Dann überfliegt man kurz seinen inneren Zustand: Tut etwas weh? Drückt etwas? Sind da Verspannungen? Wo fühlt sich der Körper gut an?

Viele kennen den Body-Scan. Aber wie viele wenden ihn täglich an? Wer das regelmäßig tut, bleibt automatisch mit seinem Körper in Verbindung. Und genau das ist die Voraussetzung dafür, dass du deine Intuition nutzen kannst. Zwar gibt es noch andere »Kanäle«, um sie wahrzunehmen, aber der Körper ist vielleicht das beste Instrument, um Verbindung zum inneren Selbst aufzunehmen. Der Körper lügt nie. Während dir die anderen Sinne möglicherweise etwas vorgaukeln, ist der Körper unbestechlich. Wahrhaftigkeit und Authentizität, das sind Eigenschaften, die sich verkörpern müssen, sonst sind sie nicht wirklich vorhanden. Mit Worten zu lügen ist relativ einfach. Aber eine verlogene Körpersprache zu zeigen ist auf Dauer unmöglich.

Frag also deinen Körper, wenn du wissen willst, was mit dir los ist. Er kennt Antworten, die du ohne ihn nicht bekommen kannst.

Für eine hervorragende Möglichkeit, mit sich in Kontakt zu kommen, halte ich auch die Feldenkraismethode. Während beim Body-Scan der Körper reglos ist, spürst du ihn bei Feldenkraisübungen in Bewegung. Anders als man vermuten könnte, geht es bei dieser Methode aber nur am Rande um Bewegung. Sie zielt vielmehr darauf ab, deine Aufmerksamkeit zu verfeinern. Besonders wenn die Verbindung zum Körper schwach ist, hilft es vielen Menschen dabei, sich wieder zu spüren, wenn sie sich bewegen.

....

Wer sich heute überhaupt noch bewegt, tut dies oft auf sehr grobe Weise, ohne viel Bewusstheit. Beim Joggen beispielsweise sind viele mit ihren Gedanken ganz weit weg. Deshalb kommt es auch zu so vielen Sportverletzungen. Bewegung ohne Bewusstheit, das ist das Gegenteil der Feldenkraismethode.

Wie sich manche Menschen in einen Sessel fallen lassen, spricht Bände. Ihr Körper ist zu einem schlaffen Sack geworden, der hin und her geworfen wird. Solch schlechte Behandlung lässt er sich auf Dauer nicht gefallen. Was aber bei so einer Misshandlung am schlimmsten ist: Ohne ein Gespür für den Körper ist Intuition kaum möglich.

Daher ist es unerlässlich, sich als Erstes wieder spüren zu lernen.

Kannst du deinen linken Ringfinger fühlen? Nun bewege die Finger deiner Hand, nur ganz leicht, sodass es niemand außer dir merken würde. Fällt es dir jetzt leichter, die Finger deiner linken Hand und somit auch deinen linken Ringfinger zu spüren?

....

Still werden

> »Aus der Stille werden die wahrhaft
> großen Dinge geboren.«
> *Thomas Carlyle*

Die Verbindung zum Selbst ist immer und überall möglich. Sie ist nicht abhängig von bestimmten Zeiten oder Räumen. Genau das ist das Geniale daran. Während andere Mittel bestimmte Bedingungen brauchen, ist die Intuition frei davon. Ein Smartphone benötigt eine Verbindung zu einem Funknetz. Der Akku muss aufgeladen sein. Alle Teile müssen fehlerfrei arbeiten. Nicht so bei der Verbindung zum Selbst. Egal wie alt du bist oder wo du dich aufhältst: Wo du bist, da ist auch deine Intuition. Da sie auf einer geistigen Ebene existiert, spielt Energie keine Rolle. Du brauchst nur auf Empfang zu gehen, und schon kommt der Prozess in Gang.

Eine kleine Einschränkung gibt es allerdings, gerade am Anfang für Ungeübte. In einer lauten, hektischen Umgebung ist man leicht ablenkbar. Viele können sich dort schon nicht auf ein Gespräch, eine Aufgabe oder eine anspruchsvolle Tätigkeit konzentrieren. Wie viel schwerer ist es da, auf feine innere Signale zu achten!

Ich möchte aber noch einmal betonen, dass auch unter solchen Umständen eine Verbindung zum Selbst möglich ist. Oft wird es so dargestellt, als ob man auf einen heiligen Ort oder auf komplizierte Rituale angewiesen sei. Das stimmt nicht. Es ist eher so, als ob eine Leistung unter Stress erbracht werden soll. Denk beispielsweise an Prüfungsarbeiten in der Schule. Manche Personen sind außerstande, unter Druck das zu tun, was sie ohne diesen spielend leicht können. Andere haben dagegen gelernt, sich davon frei zu machen. Die äußeren Bedingungen stören ihre Konzentration nicht mehr.

Dasselbe lernen SpitzensportlerInnen. Sie sind in der Lage, vor 100 000 Zuschauern im Stadion und Millionen am Fernseher, trotz Lärm, Hitze, Kälte oder Regen, trotz Müdigkeit und Erschöpfung und trotz ihrer KonkurrentInnen Höchstleistungen zu erbringen. Normalerweise kann das niemand. Zu Beginn können es auch die AthletInnen nicht. Sie gewöhnen sich langsam an schwierige äußere Verhältnisse. Auch durch ihre Zweifel, Ängste und Unlustgefühle lassen sie sich nicht mehr von ihren antrainierten Bewegungsabläufen abbringen. Das ist das, was einen Champion ausmacht.

Doch auch Champions fangen klein an. Deshalb ist es besser, am Anfang die Verbindung zum wahren Selbst in der Stille zu suchen.

Aber auch das ist nicht unbedingt leicht. Kannst du für 15 Minuten allein in einem Raum sein? Ohne Smartphone, ohne Musik, ohne Internet? Nur du, der Raum und die Stille?

Viele können das nicht mehr. In einem Experiment hatten 24 Frauen und 18 Männer die Wahl, entweder nichts zu tun oder sich kleine Elektroschocks zu geben, während sie eine Viertelstunde allein verbrachten. Sechs der 24 Frauen und zwölf der 18 Männer zogen die Elektroschocks vor. Sie hielten es nicht aus, ihre Gedanken und Gefühle ohne Ablenkung zu ertragen.

Wir sind es gewohnt, ständig von außen bespaßt zu werden, sodass wir inzwischen Angst vor unserer inneren Welt haben. Es ist noch gar nicht so lange her, dass es normal war, auch einmal mit sich allein zu sein. Manche suchten und suchen bewusst die Stille, um wieder zu sich zu finden.

Man kann das langsam angehen, indem man sich eine Zeit lang in seine privaten Räume zurückzieht. Am Anfang vielleicht nur eine Minute, dann zwei und so weiter, bis man es eine Stunde lang schafft.

Auch bei mir gab es Zeiten, in denen ich es allein mit mir nicht aushielt. Ich hatte Angst vor meinen Gedanken und Gefühlen. Wenn man eine lebhafte Fantasie hat und sensibel ist, kann das eine Herausforderung sein.

Ich weiß nicht, welche Vorstellungen du vom Unbewussten hast. Einige psychologische Schulen wie die Psychoanalyse tun so, als ob sich im Inneren Abgründe auftun könnten. Ein starkes Bild, nicht wahr? Aber es ist nur eine Metapher. Anders als in der Natur gibt es im Inneren keine Abgründe. Andere sprechen von inneren Dämonen. Doch das ist auch nur Hokuspokus. Es sind alles nur Gedanken und Gefühle, mehr nicht.

Sich einzureden, dass man davor doch keine Angst zu haben braucht, hilft allerdings auch nicht weiter. Man muss sich schon trauen, seine Fantasien und Emotionen bewusst zu erleben, um zu erfahren, dass sie einem nichts tun. Es ist einfach nur Kopfkino, begleitet von angenehmen oder unangenehmen Erregungszuständen. Es entsteht und vergeht, wie im richtigen Kino oder wie auf dem Jahrmarkt in der Geister- oder Achterbahn, wo du extra hingehst, um dich zu gruseln oder ordentlich durchgeschüttelt zu werden. Allein mit dir hast du das gratis.

In der Stille, ungerührt von seinen Gedanken und Gefühlen, entspannt man sich mehr und mehr. Und dann, ohne es erzwingen zu wollen, ist die Verbindung da.

Wie sich deine Intuition bemerkbar macht

Dein wahres Selbst benutzt dieselben Sinne, mit denen du die Welt um dich herum wahrnimmst. Nur kommen die Informationen in diesem Fall von innen.

Manchmal ist es ein vages Gefühl, so eine Ahnung, wo die Reise hingehen sollte. Dieses Gefühl kann sich bis zur Gewissheit steigern.

Manchmal ist es die innere Stimme, die dich warnt: »Mach das lieber nicht«, oder die dich zu einem bestimmten Schritt ermutigt: »Trau dich.« Vielleicht kommt dir ein Wort in den Sinn, das eine Situation verständlicher macht.

Einige Menschen sehen vor ihrem geistigen Auge Bilder. Das müssen keine erhebenden Visionen sein. Möglicherweise fällt dir auf diese Weise ein, wo du deine Schlüssel verlegt hast. Du siehst sie plötzlich auf einem Regalbrett, wo du sie vergessen hast, als das Handy klingelte.

Seltener kommen Gerüche, Düfte oder Geschmäcke vor. Aber auch sie können mit den inneren Sinnen wahrnehmbar sein und eine Bedeutung tragen. Kombinationen solcher Informationen sind ebenfalls denkbar, beispielsweise wenn du ein schlechtes Gefühl in der Magengegend spürst und deine innere Stimme »Vorsicht« sagt.

Im Folgenden werde ich mich besonders auf die körperlich gespürten Bedeutungen konzentrieren, weil es sich dabei um den zuverlässigsten und am einfachsten zu erlernenden Zugang zur Intuition handelt.

Ob sich etwas richtig oder falsch (oder neutral) anfühlt, lässt sich ziemlich leicht feststellen. So kannst du die Intelligenz deines Körpers nutzen und hast auf diese Weise neben dem Verstand eine zweite, oft sogar verlässlichere Quelle der Erkenntnis zur Verfügung.

Dass der Körper keine aus austauschbaren Einzelteilen zusammengesetzte Maschine ist, sondern ein intelligenter, sensibler Gesamtorganismus, erkennen immer mehr Menschen. Selbst Wissenschaftler und Mediziner öffnen sich langsam einer anderen Sichtweise, nach der das Herz, der Darm und andere Organe eine eigene »Sprache« entwickeln. Sie kommunizieren mit dem Gehirn, reagieren auf die Außenwelt und speichern Informationen. Im Prinzip verfügt jede einzelne Zelle über diese Fähigkeiten.

Deshalb ist es möglich, über den Verstand hinaus Erkenntnisse zu gewinnen, die einem helfen, gute Entscheidungen zu treffen.

Woran du merkst, dass die Verbindung wieder da ist

Indem du deinem inneren Gespür folgst, triffst du häufiger Entscheidungen, mit denen du tief in deinem Herzen zufrieden bist. Mag sein, dass dein innerer Kritiker immer etwas auszusetzen hat, egal wie du dich entscheidest. Das liegt in der Natur der Sache. Die Dinge haben nun mal stets zwei Seiten. Und es liegt in der Natur des inneren Kritikers, dich zu verunsichern.

Aber das alles spielt keine Rolle, wenn du deinen Glücksgefühlen folgst. Sie leiten dich zuverlässig ans Ziel, was immer das für dich auch bedeutet.

Im Grunde weiß jeder, was für ihn oder sie richtig wäre. Das Problem ist nur, dass die wenigsten dieses Wissen in die Tat umsetzen. Beispielsweise wissen viele, dass ihre Ehe gescheitert ist. Das Zusammenleben mit dem anderen bringt ihnen mehr Stress als Freude. Oder es ist einfach nur noch ein Aneinander-vorbei-Leben. Trotzdem bleiben sie in der Beziehung. Warum? Reine Gewohnheit. Dieses Verhalten ist so alt wie die Menschheit. Bertolt Brecht hat das im »Gleichnis des Buddha vom brennenden Haus« treffend charakterisiert: Der Buddha kommt auf seinen Wanderungen an einem brennenden Haus vorbei. Die Bewohner machen jedoch keine Anstalten, dieses zu verlassen. Der Buddha fordert sie eindringlich dazu auf. Sie aber fragen nur, wie es da draußen sei, und trauen sich nicht, den Schritt in die Freiheit zu tun.

Diejenigen, die wagen, ihrer Intuition zu folgen, stellen dagegen regelmäßig fest, dass es sich lohnt. Sie schieben Handlungen, die sie weiterbringen, nicht mehr auf. Gelegenheiten, die sich ihnen bieten, erkennen und ergreifen sie. Dadurch, dass sie sehen, wie ihr Leben beginnt, sich positiv zu verändern, steigen ihre Laune und ihr Wohlbefinden.

Zugleich nimmt ihr Vertrauen in ihre innere Weisheit immer mehr zu. Das führt dazu, dass sie weitere von ihren Glücksgefühlen inspirierte Entscheidungen treffen. So kommt ein positiver Kreislauf in Gang.

Die verloren gegangene Energie kehrt zurück. Der Stress lässt nach. Auf diese Weise verschwinden Krankheiten, die durch ihn bedingt waren.

Wer wirklich auf seine innere Stimme hört, und das nicht nur alle Jubeljahre einmal, sondern täglich, stellt fest, wie mühelos das Leben zu fließen beginnt. Im Flow zu sein wünschen sich viele, sie wissen aber nicht, wie sie diesen Zustand erreichen können. Es scheint kompliziert zu sein und von verschiedenen äußeren und inneren Faktoren abzuhängen. Dabei ist es viel einfacher, als sie denken. Nach innen spüren, die Antworten annehmen und unverzüglich in Taten umsetzen: Mehr braucht es nicht. Der Flow stellt sich von allein ein. Flow lässt sich weder erzwingen noch auf intellektuelle Weise herstellen. Sich dem inneren Quell anzuschließen und sich davon leiten zu lassen ist das Gegenteil vom Befolgen äußerer Programme. Es hat mehr mit einem Sich-treiben-Lassen als mit einem Machen zu tun. Das verwirrt jedoch alle, die es gewohnt sind, der Stimme ihrer Eltern, Lehrer und Vorgesetzten zu folgen.

Eine Anmerkung dazu ist jedoch nötig: Flow ist kein ewiger, sondern ein vorübergehender Zustand. Menschen, die intuitiv leben, haben genauso wie alle anderen Probleme. Auch das liegt in der Natur der Sache. Leben heißt Probleme lösen.

Die Frage ist nur, wie. Voller Angst, unsicher, an den Schwierigkeiten verzweifelnd oder voller Vertrauen, neugierig und an den Problemen wachsend. Mehr ist nicht möglich. Aber braucht man mehr?

Ein problemloses Leben ist kaum vorstellbar. Es wäre so langweilig, dass die meisten es gar nicht aushalten könnten. Wesentlich realistischer und lebbarer ist ein Dasein, das Abwechslung bietet. Hauptsache, man fühlt sich den Herausforderungen gewachsen. Dann schaut man nicht sorgenvoll in die Zukunft und denkt nicht an vergangenes Unglück.

Die Intuition vermittelt die Kraft, die für die wechselhaften Verhältnisse auf dieser Erde erforderlich ist. Mit ihrer Hilfe findet man für alle Probleme passende Lösungen. Eine bessere Unterstützung gibt es nicht.

Da die Verbindung zum wahren Selbst jederzeit und überall verfügbar ist, von der Geburt bis zum Tod, rund um die Uhr, stellt sie zugleich die bestmögliche Selbsthilfe dar. Selbsthilfe ist ein weiteres Kriterium, wodurch du merkst, dass die Verbindung wieder da ist. Du fragst nicht mehr andere, was du tun sollst. Du suchst die Hilfe weniger außen, sondern wendest dich eher nach innen. Internet, Bücher und Ratgeber spielen weiter eine Rolle, aber sie bekommen einen anderen Stellenwert. Nichts kann deine Intuition ersetzen.

3

So funktioniert es

In diesem Kapitel stelle ich den intuitiven Prozess in sechs Schritten dar:

1. Freiraum schaffen
2. Ein Thema wählen
3. Auf Empfang schalten
4. Einen passenden Ausdruck finden
5. Fragen stellen
6. Die Antworten annehmen und schützen

Freiraum schaffen, das ist ein wohltuender Anfang. Dieser Schritt erleichtert es, in Kontakt mit den spürbaren Bedeutungen zu kommen, für die es noch keinen passenden Ausdruck gibt.

Danach kannst du dir ein Thema aussuchen, bei dem du dir mehr Klarheit wünschst. Vielleicht willst du eine Blockade auflösen oder etwas Neues beginnen. Benenne das Problem und dann geht es los.

Du schaltest auf Empfang. Nichts einfacher als das. Allerdings gibt es ein paar Dinge zu beachten, damit sich dein ständig quasselnder Verstand nicht sofort dazwischenschaltet.

Die Intuition selbst ist ungeformt, jedenfalls wenn sie als gefühlte Bedeutung auftritt. Es gilt, Symbole dafür zu finden, die möglichst genau dem inneren Gespür entsprechen. Auch in den Fällen, in denen die Intuition spontan in Bildern oder Worten auftaucht, ist es oft noch erforderlich, diese weiter zu ergründen.

Du kannst deiner Intuition direkte Fragen stellen. In der Regel erhältst du nach kurzer Zeit Antworten.

Die Antworten gilt es anzunehmen und zu schützen; denn allzu schnell mischt sich wieder der kritische Verstand ein. Deinem Ego gefallen die Botschaften nicht unbedingt, die du vom wahren Selbst bekommst. Es sieht sich in Konkurrenz zu deinem Innersten und meint grundsätzlich, alles besser zu wissen als dieser ganze »esoterische Kram«. Deshalb ist es wichtig, die erhaltenen Antworten zu sichern und zu verteidigen.

Ich beschreibe diesen Prozess Schritt für Schritt verständlich, bodenständig und für jeden nachvollziehbar. Die meisten Anleitungen neigen dazu, sehr symbolhaft und metaphorisch zu klingen. Das ist in Ordnung. Aber viele mögen das nicht.

Außerdem verdunkelt es den Prozess oft mehr, als dass es ihn erhellt. Auch in der Psychologie gibt es einige wenige Ansätze, die sich mit der Intuition beschäftigen. Aber entweder sind sie so rational und skeptisch, dass sie dem Prozess weitgehend seine Wirkung nehmen, oder sie stellen ihn in den Dienst der Psychotherapie. Beides will ich vermeiden.

Intuition kann man nicht bis ins Letzte erklären. Könnte man es, wäre es nicht mehr die Intuition. Sie entzieht sich prinzipiell dem Verstand. Man kann sie nicht direkt messen. Trotzdem steht sie in keinem Gegensatz zur Wissenschaft. Sie ist nur anders als diese.

Ich teile die Auffassung, dass Intuition für den therapeutischen Bereich unverzichtbar ist. Nicht die TherapeutInnen heilen, sondern die KlientInnen tun dies am besten selbst mithilfe ihrer Intuition. Leider wird sie bisher noch zu selten für diesen Zweck genutzt. Da Intuition jedoch weit über den therapeutischen Kontext hinausgeht, halte ich es für falsch, sie nur im Zusammenhang mit Heilverfahren darzustellen.

Seine Intuition nutzen zu können ist Voraussetzung für ein glückliches und erfolgreiches Leben. Der Prozess, der dahin führt, ist gut erlernbar und (jedenfalls teilweise) wissenschaftlich untermauert, aber leider noch viel zu unbekannt. Schauen wir uns deshalb die Schritte nun im Einzelnen an.

Freiraum schaffen

Mit diesem Einstieg kannst du erst einmal dafür sorgen, deinen Kopf frei zu bekommen, frei von allen Belastungen und Sorgen. Aber das Freiraum-Schaffen hilft auch dem Körper, unnötige Anspannungen loszulassen. Er ist der Leidtragende im wahrsten Sinne des Wortes. Man sagt, jemand sei vor Kummer gebeugt. Das ist jedoch nur eine besonders auffällige Form der Verkörperung von seelischen Schmerzen.

Weit verbreitet ist das Stirnrunzeln, das Zusammenziehen der Augenbrauen, das Aufreißen der Augen, das Herunterziehen der Mundwinkel, das Zusammenkneifen der Lippen und das Zusammenbeißen der Kiefer. Genauso häufig ist das Überstrecken des Oberkörpers zur Habt-Acht-Stellung, das bereits genannte kummervolle Gebeugtsein, das Hochziehen der Schultern sowie Verkrampfungen im Unterleib.

Jeder Muskel kann betroffen sein. Auch die Arme und Beine sind nicht selten verkrampft. Die Arme werden beim Gehen am Körper fixiert, sodass das

Schwingen der Hüften und Schultern stark eingeschränkt wird. Es entsteht eine mehr oder weniger steife Gehhaltung. Sie gilt bei uns als normal, was sie aber keinesfalls ist, wie man bei Menschen beobachten kann, die sehr entspannt laufen. Bei ihnen schwingen Arme, Schultern, Hüften und Beine in einer harmonischen Gesamtbewegung, die sich sehr angenehm und befreit anfühlt.

Nur selten fließt der Atem frei. Er wird unter dem Einfluss von chronischen Ängsten, aber auch von Enttäuschungen oder Trauer sowie von Ärger eingeschränkt. Auf diese Weise kontrollieren viele Menschen unbewusst ihre Emotionen. Sie würden sonst möglicherweise vor Angst zittern, vor Trauer weinen oder vor Wut beben. Das alles möchte man nicht zeigen, und so hält man lieber den Atem an oder atmet zumindest sehr flach.

Dabei könnte sich der Körper eigentlich die meiste Zeit wohlfühlen. Ohne die vielen stressgeladenen Gedanken hätte er nie die Gewohnheit entwickelt, sich zu verkrampfen. Doch einmal angespannt, neigt er dazu, seine Muskeln weiter zusammenzuziehen, obwohl die ursprüngliche Angst, Wut oder Enttäuschung längst vergangen ist. Das liegt vor allem daran, dass wir Dauerstress für normal halten und so tun, als seien Notsituationen und Katastrophen die Regel.

Häufig werden in diesem Zusammenhang die Medien gescholten. Richtig daran ist, dass sie Unfällen und Unglück, Mord und Totschlag, Krieg und Terrorismus mehr Platz einräumen als allem anderen. Menschen haben leider eine Neigung, solchen Berichten größere Aufmerksamkeit zu schenken als den vielen Zeugnissen von Solidarität, Mildtätigkeit und Hilfe. Insofern nutzen die Medien diese menschliche Schwäche nur aus, was sie jedoch nicht unbedingt entschuldigt.

Man braucht nicht darauf zu warten, dass die Presse und das Fernsehen die Berichterstattung mehr an die Realität anpassen, oder etwa gleich bis zu dem Tag, an dem überall Frieden, Freiheit, Gleichheit und Freundlichkeit herrschen. Deinem Körper kannst du schon heute die Erlaubnis geben, sich wohlzufühlen. Eigentlich sind Entspannung und Wohlgefühl sein Normalzustand. Eine Ausnahme bilden lediglich die seltenen, echten Notfälle, in denen es sogar wünschenswert ist, dass der Körper seine Überlebensprogramme ablaufen lässt.

Eine Möglichkeit, diese Entspannung und dieses Wohlgefühl herzustellen, hast du in diesem Buch bereits kennengelernt, den Body-Scan.

Eine andere stellt das Freiraum-Schaffen dar. Dabei kehrst du eingefahrene Stressmuster einfach um. Der Körper regiert auf Stressgedanken sehr empfindlich. Er zieht sich zusammen. Du spürst das sehr deutlich in den entsprechenden Muskelpartien. Bei anhaltender Anspannung nimmst du diese nach einer Weile nicht mehr wahr. Das heißt aber keineswegs, dass du entspannt bist. Die verschiedenen unnötigen Muskelverkrampfungen nimmst du weiter als unangenehmes Körpergefühl, als diffuses Unwohlsein oder als nicht erklärbares Gefühl der Bedrohung und Unsicherheit wahr.

Umgekehrt funktioniert es genauso. Du machst dir deine Stressgedanken bewusst und lässt sie los. Darauf reagiert der Körper sehr positiv. Er fängt an sich zu entspannen. Du merkst das zum Beispiel daran, dass du dich besser fühlst und buchstäblich aufatmest.

PROBIER DAS MAL

Statt deine Probleme die ganze Zeit mit dir herumzuschleppen, stellst du sie eine Weile zur Seite. Das machst du am besten, indem du dich bequem hinsetzt oder hinlegst.

Was belastet dich im Moment? Nimm das Erste, was auftaucht, und pack es in deiner Vorstellung in eine Schachtel. Beschrifte sie und stell sie neben dich. Dann das

Nächste, und das so lange, bis du alle Probleme zur Seite gestellt hast.

Du brauchst dir keine Sorgen zu machen, dass du sie vergisst oder verlierst. Nach dieser kleinen Übung kannst du sie wieder hervorholen, wenn du willst.

Fühlst du dich nun richtig wohl? Wenn ja, super. Wenn nein, was gibt es noch, das dich belastet? Lass dir Zeit. Was taucht noch auf? Manchmal sind es Dauerprobleme, die den Hintergrund unseres Lebens bilden. Stell auch sie beiseite.

Du kannst auch mit der Feststellung starten: Mein Leben ist hundertprozentig schön. Entweder bestätigt dir dein Körper diese Aussage mit einem grenzenlosen Wohlbefinden. Oder du spürst Widerstände. Finde heraus, was dahintersteckt. Was ist zurzeit nicht in Ordnung? Was empfindest du als störend?

Es geht beim Freiraum-Schaffen nicht darum, so viele Probleme wie irgend möglich ausfindig zu machen. Manche haben sich längst erledigt, oder sie belasten dich nicht wirklich. Nur die Schwierigkeiten in deinem Leben, die aktuell körperlich spürbar sind, gilt es eine Zeit lang zur Seite zu stellen. Das kann ein zentrales, besonders dominantes Problem sein. Manchmal sind es auch drei, vielleicht auch mal sieben.

Wenn du sie benannt, verpackt und auf die Seite gelegt hast, wirst du eine deutliche Veränderung im Körper bemerken. Er fühlt sich leichter, freier und angenehmer an. Andere, die dich jetzt sehen könnten, würden vielleicht sagen: Du wirkst so aufgeräumt, so losgelöst. Und genauso ist es: Mit dem Freiraum-Schaffen distanzierst du dich von deinen Problemen. Du lässt sie los. Zwar hast du ein Problem (oder mehrere, schön verpackt neben dir), aber du bist kein Problem. Dein Körper muss nicht dauernd schwer daran tragen. Du gönnst ihm eine Pause und erfreust dich an seinem Wohlbefinden, trotz deiner Probleme.

....

Ein Thema wählen

Freiraum schaffen kannst du als eigenständige Übung machen, um dir eine Atempause zu gönnen. Denk daran: Dein Körper kann sich immer wohlfühlen – wenn du ihm die Chance dazu gibst. Du löst dich von deinen Problemen. Sie bleiben an deiner Seite, aber du hast auf einmal mehr Klarheit und kannst dich mit ihnen beschäftigen, wann du willst.

Und damit sind wir beim nächsten Schritt: Du wählst eines der Probleme aus, um es besser zu verstehen und um Lösungen zu finden. Genau genommen muss es kein Problem sein. Es ist genauso gut möglich, die Intuition für schöpferische Prozesse einzusetzen. Vielleicht arbeitest du an einem Roman und suchst Ideen für die weitere Handlung. Dann kannst du dieses Thema wählen. Oder du spielst mit dem Gedanken, in eine andere Stadt zu ziehen, weißt aber nicht, welche das sein könnte. Dann wäre »Umzug« bzw. »neue Stadt« dein Thema.

Das ist das Wunderbare am intuitiven Prozess. Man kann ihn immer dann einsetzen, wenn man eine Antwort sucht, in kleinen wie in großen Dingen, also zum Beispiel »Was will ich am Wochenende am liebsten kochen?« oder »Was möchte ich mit dem Rest meines Lebens anfangen?« oder »Wie komme ich aus diesem Schlamassel wieder heraus?«. Deine Intuition wartet nur darauf, dich mit frischen, belebenden Ideen zu versorgen. Kreativität, Fantasie und Inspiration sind eng mit ihr verbunden.

Statt der alten, toten Ideen des Egos bringt sie neue, unerwartete Lösungen hervor. Oft wirst du staunend danebenstehen und dich wundern, woher deine Einfälle kommen und wie das überhaupt möglich ist. Kreativität ist einfach eine Eigenschaft deines wahren Selbst. Es liegt in deiner Natur, Dinge zu erschaffen, zunächst in der Vorstellung und danach in der Realität.

Auch wenn du vielleicht glaubst, du seist ein durch und durch rationaler Mensch, ist Fantasie die andere Seite deines Wesens. Jedes Kind ist fantasiebegabt. Es wechselt ständig zwischen der Traumwelt und der Realität. Kinder haben großen Spaß daran, sich Dinge auszumalen und in andere Identitäten zu schlüpfen. Sie erfinden ihre eigene Welt. Mit normalen Alltagsgegenständen improvisieren sie, was sie gerade für ihr Spiel brauchen. Manchmal scheint das ein wenig verrückt, aber wenn man sich darauf einlässt, macht es durchaus Sinn. Kinder lassen sich von Farben, Stoffen und Krempel inspirieren. Jeder Gegenstand kann Ausgangspunkt für ein fantasievolles Abenteuer sein.

Das liegt daran, dass ihr Ego noch nicht so stark entwickelt ist. Kinder handeln noch intuitiver und spontaner. Sie wissen genau, was sie mögen und was nicht, und streben nach den Sternen. Mit ihrem wahren Selbst sind sie unmittelbar verbunden und geben ihm Ausdruck mit allen Mitteln, die ihnen zur Verfügung stehen.

Diese Fähigkeiten stecken immer noch in dir. Sie sind möglicherweise durch Nichtgebrauch etwas eingerostet. Doch sie sind nicht verloren gegangen. *Du kannst dir den intuitiven Prozess jederzeit wieder erschließen. Du brauchst nur etwas inneren Freiraum zu schaffen, ein Thema zu wählen und schon geht es los.*

Mit welchem Thema möchtest du gerne arbeiten? Gibt es Probleme, für die du Lösungen suchst? Irgendwelche Projekte, deren nächste Schritte unklar sind? Auf welche Fragen hast du noch keine Antworten?

Lass deine Intuition entscheiden, was du als Erstes wählst. Die anderen Punkte stellst du an die Seite. Sie kommen später dran.

Auf Empfang schalten

»Die Inspiration ist ein solcher Besucher, der nicht immer bei der ersten Einladung erscheint.«
Pjotr Iljitsch Tschaikowsky

Sobald du das Thema benannt hast, passiert eines von zwei Dingen: Entweder stellt sich ein vages Gefühl zu dem Thema ein, oder du erhältst sofort eine konkrete Antwort, die es noch zu überprüfen gilt.

Beginnen wir mit der ersten Alternative. Du bekommst eine Antwort, die zunächst ungeformt ist. Was heißt das? Deinem Thema entspricht eine

54

körperliche Empfindung, die meistens im Brust-Bauch-Raum spürbar ist. Oft ist sie sehr fein, sodass du dir schon Zeit nehmen musst, um sie deutlich wahrzunehmen. Es ist in etwa so, als ob jemand in einem größeren Raum flüstert. Falls du also eine heftige Reaktion erwartest, wirst du die Intuition verpassen. Spür genau hin, dann wird die Empfindung sich von anderen Eindrücken abheben. Es ist nämlich so, dass Resonanz, die sich zu deinem Thema einstellt, nicht das einzige Signal ist, das in deinen Bewusstseinsraum fällt.

Es ist wichtig, dass du die Resonanz von anderen Reizen zu unterscheiden lernst. Ich vermeide möglichst das Wort »Gefühl«, wenn ich von der Intuition spreche. Unter Gefühlen versteht man im Allgemeinen Emotionen wie Freude, Trauer, Ruhe, Angst oder Ärger. Es kann sein, dass sich zu deinem Thema sofort oder später ein solches Gefühl gesellt, aber das ist nicht die Intuition. Deshalb spreche ich diesbezüglich lieber von einer vagen Empfindung, einer Resonanz, einer Ahnung oder Ähnlichem.

Während du dich auf die feine Schwingung konzentrierst, die du in deinem Inneren spürst, konkurrieren andere Reize um deine Aufmerksamkeit. Das Ego fängt wie so oft an, Kritik und Zweifel zu äußern. Oder es präsentiert dir unverzüglich eine schlaue Antwort auf deine Frage. Leider ist es eine, die du schon auswendig kannst. Das Ego ist nicht besonders kreativ, dafür aber umso aufdringlicher.

Nehmen wir an, du beschäftigst dich mit der Frage, ob du dir einen neuen Arbeitsplatz in einer anderen Firma suchen solltest. Dann fällt dir vielleicht als Erstes ein Streit mit deinen KollegInnen ein, den du gerade hattest. Als Nächstes taucht Ärger auf, wie immer, wenn du an die jüngsten Vorfälle denkst. Beides hat mit der Intuition nichts zu tun. Es sind noch keine Antworten auf die Frage, ob du den Arbeitsplatz wechseln solltest.

Während du die Aufmerksamkeit wieder auf deine Körpermitte lenkst, hörst du dies: »Willst du etwa deine Sicherheit aufs Spiel setzen? Schlag dir das bloß aus dem Kopf mit einem Jobwechsel!« Auch das ist nicht die Intuition, sondern dein Ego, das dir seinen Kommentar zu den laufenden Ereignissen gratis sendet.

Indem du am Anfang des intuitiven Prozesses Raum schaffst, reduzierst du solche Nebengeräusche etwas.

Sobald du ein noch namenloses, vages Gefühl in deinem Inneren wahrnimmst, bist du auf Empfang. Stör dich nicht daran, dass die Verbindung manchmal abreißt. Das kennst du ja vom WLAN-Netz. Nimm den Kontakt trotz eventueller Störungen immer wieder auf.

PROBIER DAS MAL

Hast du schon ein Thema gewählt? Dann gib ihm ein paar Worte als Titel, wie »Die Reise nach Spanien« oder »Was Leckeres«, natürlich nur, wenn du gerade überlegst, wohin du reisen oder was du dir aus dem Kühlschrank holen willst.

Was für eine Resonanz stellt sich zu deinem Thema ein? Wo spürst du sie? Fällt es dir leicht, die Verbindung zu halten?

Hier noch eine Hilfestellung:

Wie ist das, wenn du dir im Restaurant ein Essen aussuchst? Vielleicht Pizza? Hm, eher nicht. Oder Spaghetti mit Tomatensoße? Hm, auch nicht. Lasagne? Hm, heute nicht. Einen Salat? Ja, das ist sehr gut. Und danach noch ein großes Tiramisu. Das ist es!

Woher weißt du, welche Speisen nicht passen und welche richtig sind? – Du spürst es, und zwar in den Hm-Momenten! Das ist die Resonanz, um die es geht.

Einen passenden Ausdruck finden

Wir haben bisher die ersten drei Schritte des intuitiven Prozesses näher beleuchtet: Freiraum schaffen, ein Thema wählen und auf Empfang gehen. Jetzt kommen wir zum vierten Schritt: einen passenden Ausdruck finden. Zusammen mit dem dritten Schritt bildet er das Kernstück, wie man mit dem wahren Selbst in Verbindung tritt. Ich sage es erst mal kompliziert, um es dann zu übersetzen. Man wechselt beim intuitiven Prozess ständig zwischen dem Impliziten und Expliziten hin und her. Das Implizite ist ungeformt, eine reine Empfindung. Sie trägt eine spürbare Bedeutung. Diese gilt es zu explizieren. Das heißt: Man sucht eine Form, einen Ausdruck für die reine Empfindung, um sie besser zu verstehen. Dafür kommen vor allem Worte und Bilder in Betracht. Musiker könnten die Intuition in Klangfolgen abbilden, Künstler sie malen und Tänzerinnen sie in Bewegung ausdrücken.

Bleiben wir jedoch der Einfachheit halber bei Worten und Bildern. Die Frage, die du dir im vierten Schritt stellst, lautet:

Welches Wort passt am besten zu dem vagen Gefühl? Welches Bild würde die gespürte Bedeutung adäquat zum Ausdruck bringen?

Wenn du ein Wort gefunden hast, gehst du zurück zu deinem Bauchgefühl und prüfst, ob der Begriff und dein inneres Gespür wirklich übereinstimmen. Es ist wie bei der Suche nach einem vergessenen Namen: Meier? Müller? Marquard? Markwald? Markwald! Das ist es!

Kommen wir auf das Beispiel zurück, bei dem du überlegst, ob du dir einen anderen Arbeitsplatz in einer neuen Firma suchen solltest. Du befragst deine Intuition: Was stört mich so bei meinem jetzigen Job? Sind es die jüngsten Streitigkeiten? (Pause) Ja, irgendwie schon. Aber das trifft es nicht genau. Ist es die Kritik zweier Kolleginnen? (Pause) Ja, schon, aber es ist noch etwas anderes. Hm … (längere Pause) Sie behandeln mich wie ein Kind! Das ist es, was mich stört! Das kann ich überhaupt nicht leiden!

Was würde mir helfen? Ein neuer Arbeitsplatz in einer anderen Firma? (Pause) Ja, wäre vielleicht eine Möglichkeit. Ein anderer Arbeitsplatz in dieser Firma? (Pause) Eher nicht. Mal mit den Kolleginnen aussprechen? (Pause) Das würde nichts bringen. An der Kritik ist ja sogar etwas dran. Was dann? Hm … (längere Pause) Ich fühle mich schnell wie ein Kind, wenn ich kritisiert werde. Stimmt das? (Pause) Ja, da ist was dran. Dann könnte die Lösung in der Richtung liegen? (Pause) Ja, genau. Ich bin als Kind dauernd kritisiert worden und habe mich schlecht dabei gefühlt. (Pause) Vielleicht sollte ich lernen, mit Kritik anders umzugehen. (Pause) Ja, das ist es. Ich brauche einen anderen Umgang mit Kritik. Ein Wechsel der Firma würde daher nichts bringen. Kritik bleibt überall ein Thema. Also werde ich mich damit beschäftigen.

Du siehst, wie du in diesem Beispiel immer wieder Pausen machst, um mit deinem Innersten in Kontakt zu bleiben. Während du am Anfang kurz vor der Kündigung gestanden hast, hast du mithilfe des intuitiven Prozesses herausgefunden, dass du einen anderen Umgang mit Kritik brauchst.
Intuition ist manchmal eine schnelle Eingebung oder aber – wie hier – ein sich stufenweise entfaltender Prozess. Er nimmt oft überraschende Wendungen und unterscheidet sich damit von rein rational getroffenen Entscheidungen. Dabei hättest du eine Pro-und-Kontra-Liste gemacht und am Ende festgestellt, dass eine Kündigung in der Summe besser wäre. Das hätte leicht dazu geführt, dass du in der nächsten Firma wieder dieselben Probleme gehabt hättest. Die Kündigung hätte dich nicht einen Schritt weitergebracht.

So ist es leider oft im Leben. Uninspirierte Entscheidungen bringen nur vorübergehend eine Lösung. Auf diese Weise wechseln manche Menschen von Partner zu Partner oder von Arbeitsplatz zu Arbeitsplatz. Wenn sie dabei ihre Probleme mitnehmen, helfen die äußeren, ohne Beteiligung des wahren Selbst vorgenommenen Veränderungen nicht wirklich weiter.

Natürlich ist das nur ein Beispiel von vielen möglichen. In anderen Konstellationen kann eine Kündigung genau die richtige Entscheidung sein.

Beim Schreiben wende ich den gleichen Prozess an. Bevor ich anfange, mache ich mich innerlich frei von allen anderen Aufgaben. Mein Thema habe ich bereits gewählt. Ich will über Intuition schreiben. Vom fertigen Buch habe ich eine ungefähre Vorstellung. Aber das meiste ist noch ungeformt. Vor mir liegt nur eine Stichwortsammlung. Vor drei Wochen waren erst wenige Sätze ausformuliert. Während ich schreibe, schalte ich auf Empfang. Einfälle tauchen auf. Einige verwerfe ich, andere greife ich auf. Ich schreibe einen Satz. Wenn er mir gefällt, lasse ich ihn stehen. Sonst warte ich auf einen anderen. Woher weiß ich, welche Einfälle und Sätze passen? Das sagt mir meine innere Empfindung. Ich bleibe stets in Resonanz zu ihr.

Spüren – Worte – prüfen/spüren – aufschreiben – spüren: Mal geht es sehr flüssig, mal verweile ich länger an einem Punkt oder bin abgelenkt. Irgendwann lässt die Konzentration nach. Dann ist es Zeit, eine schöpferische Pause zu machen. Jetzt!

Ich denke, die meisten kennen diesen kreativen Prozess, ohne sich dessen bewusst zu sein. Wenn du jemandem etwas sagen willst, weiß dein Innerstes sehr gut, was. Du beginnst und bist eigentlich fertig. Eigentlich; denn du merkst, dass noch ein Punkt fehlt. Ja, genau, das wolltest du auch noch sagen. Das ist der schöpferische Prozess in Kurzform. Das kann man Intuition oder Kreativität oder sonst wie nennen. Das sind alles nur Ausdrücke für ein und dasselbe: Du bist in Kontakt mit deinem Inneren und sprichst aus dieser Resonanz heraus.

Ausgeformte Emotionen wie Ärger oder Angst tragen keine weitere Bedeutung in sich. Sie sind selbst Ausdruck einer bestimmten mentalen Verfassung. Anders die Intuition in Gestalt eines vagen, unbestimmten Gefühls. Hier ist die Frage: Was bedeutet es? Was will es sagen? Welche Botschaft steckt darin? Das bekommst du nur heraus, indem du eine Beziehung zu deinem Innersten aufbaust und eine Weile dabei bleibst.

Wichtig ist, dass der Ausdruck wirklich dem inneren Gefühl entspricht. Wenn das der Fall ist, kann man auch von Stimmigkeit sprechen. Der Ausdruck stimmt mit der gespürten Bedeutung überein.

Bei diesem Prozess besteht eine gewisse Verwechslungsgefahr. Nehmen wir beim Beispiel, ob du noch am richtigen Arbeitsplatz bist, mal an, dass die Kündigung die richtige Entscheidung wäre. Aber das innere Gefühl scheint dir zu sagen: »Mach das lieber nicht!« Du fühlst dich unsicher und ängstlich bei dem Gedanken an eine Veränderung. Das ist nicht die Intuition, die hier spricht, sondern dein Ego. Es möchte prinzipiell lieber den Status quo erhalten. Das ängstliche Gefühl ist mit der gespürten Bedeutung nicht identisch. Wenn du zu ihr Kontakt aufnimmst, merkst du, dass es Zeit ist, dir eine neue Stelle zu suchen. Diese Entscheidung fühlt sich gut und stimmig an, auch wenn sie von einer gewissen Unsicherheit begleitet wird.
Es ist wie auf dem Jahrmarkt. Du findest es bunt und aufregend: Geisterbahn, Riesenrad, Spiegelkabinett und Achterbahn. Da sind auch ein paar Ängste mit im Spiel. Doch grundsätzlich genießt du den Aufenthalt.
So ähnlich verhält es sich mit vielen Entscheidungen, die eine Veränderung mit sich bringen. Es

gilt stets herauszufinden, ob das Grundgefühl angenehm oder unangenehm ist. Ist es angenehm, nimmt man eine damit einhergehende gewisse Aufregung und ein paar Ängste in Kauf.

Kennst du Topfschlagen? Dabei werden einem Kind die Augen verbunden, es bekommt einen Kochlöffel in die Hand und sucht damit den Kochtopf. Dabei kriecht es auf dem Boden und bewegt den Kochlöffel suchend auf und ab, während die anderen Kinder »Heiß« oder »Kalt« rufen, je nachdem ob es dem Topf näher kommt oder sich davon entfernt.

Der intuitive Prozess ist damit vergleichbar. Du suchst einen Ausdruck, der zu deinem inneren Gefühl passt, bis es »klonk« macht: Kündigen? Kalt! Bleiben? Warm! Etwas ändern? Warm! Mit den Kolleginnen sprechen? Kalt! Mit Kritik anders umgehen? Klonk!

So wie beim Topfschlagen ist die erfolgreiche Suche meist mit einer Erleichterung oder buchstäblich mit einem Aufatmen verbunden. Die Antwort, die die Intuition dir gibt, mag dir – genauer gesagt: deinem Ego – nicht gefallen, aber du spürst, dass sie stimmt. Nun liegt es an dir, ob du ihr folgst oder nicht.

Die Intuition führt zu anderen Entscheidungen, als sie der Verstand liefert. Beispiel Kreativität: Natürlich kann man sich mit Farbenlehre beschäftigen, aber wenn man selbst malt, sagt einem das Gespür am besten, welche Farbe an einer bestimmten Stelle neben eine andere passt, selbst wenn es der reinen Lehre widerspricht.

Die Proportionen in einem Kunstwerk entsprechen oft nicht der Realität. Sieh dir nur die Bilder von Picasso an! Trotzdem stimmen sie für die meisten Betrachter perfekt.

Picasso wurde vorgeworfen, dass die von ihm gemalten Menschen und Objekte mit der Wirklichkeit nichts zu tun hätten. Er antwortete: »Glauben Sie, dass ein Bild jemals so aussehen kann wie die Realität?«

Magritte hat unter eine naturalistisch gemalte Pfeife geschrieben: »Ceci n'est pas une pipe« (»Das hier ist keine Pfeife«).

Picassos Bilder passten genau zu seinem ästhetischen Empfinden. Und nach einer gewissen Eingewöhnungszeit erkannten immer mehr Menschen seine unglaubliche Kreativität an.

Fragen stellen

Es kommt vor, dass die Intuition nicht antwortet. Kein Anschluss unter dieser Nummer. Was dann? Um das breite Anwendungsgebiet der Intuition zu zeigen, habe ich bisher oft von einem »Thema« gesprochen, über das du dir auf diese Weise größere Klarheit verschaffen kannst.

Häufig ist es jedoch besser, mit einer Frage zu beginnen. Dabei ist weniger wichtig, wie du fragst. Geschlossene Fragen sind genauso möglich wie offene. Ein Beispiel für den ersten Fragetyp wäre: »Soll ich kündigen?« Es könnte sein, dass dein Bauchgefühl darauf eindeutig reagiert. Bei einem Ja würdest du eine Erleichterung spüren, bei einem Nein eine Beklemmung.

Allerdings ist es individuell verschieden, wie ein Ja oder ein Nein sich für jemanden anfühlt. Es kann sogar von Mal zu Mal wechseln. Die Intuition ist in der Lage, mit sehr feinen Unterschieden zu arbeiten.

Falls du keine Antwort bekommst, könntest du sagen: »Okay, dann kündige ich!« Oder: »Gut, dann bleibe ich!« Möglicherweise reagiert dein Innerstes darauf ablehnend bzw. bejahend.

Bei einer offenen Frage würdest du beispielsweise so formulieren: »Was soll ich tun?« Dieser Fragetyp ist wie beim Dialog mit einer Person in der Regel ergiebiger. Wenn du die Antwort nicht verstehst oder noch mehr wissen möchtest, kannst du selbstverständlich nachfragen.

Bleibt die Intuition stumm, könnte es an der Frage liegen. Stell einfach eine andere, nachdem du eine Weile gewartet hast. Sei nicht zu ungeduldig. Dein Inneres braucht Zeit, zu antworten. Überhaupt ist es wichtig, was für eine Art Verhältnis du zu deiner Intuition aufbaust. Behandle sie genauso gut, wie du behandelt werden möchtest. »Also, was ist denn nun?« oder »Wird's bald« ist keine geeignete Ansprache. Versuch nicht, etwas zu erzwingen. Manchmal kommt die Antwort später, so wie wenn dir der vergessene Name einer Person erst nach zwei Tagen einfällt.

Grundsätzlich bekommst du aber eine Antwort. Doch es gibt Ausnahmen. Manchmal ist die Frage falsch gestellt, oder das Thema ist im Moment nicht dran, jedenfalls nach Meinung deiner Intuition. Dein Ego mag das anders sehen (»Ich will eine Antwort – jetzt!!«). Aber deiner Intuition ist egal, was dein Ego will, und herumkommandieren lässt sie sich schon gar nicht.

Es gibt ein paar Fragen, die sich in fast jeder Situation stellen lassen, zum Beispiel:

- Was brauche ich jetzt?
- Was könnte mir im Moment am besten helfen?

Aber Vorsicht, das sind Fragen, auf die auch dein Ego Antworten parat hat. Nur sind das nicht unbedingt welche, die wirklich gut für dich sind. Finde die Antworten lieber in Übereinstimmung mit deinem inneren Gespür für das Richtige.

Wenn du in einer Krise steckst und nicht weiterweißt, ist die Wunderfrage sehr gut. Dabei stellst du dir vor, dass über Nacht ein Wunder geschehen ist. Alle deine Probleme sind gelöst. Die Fragen an deine Intuition lauten nun:

- Woran merke ich, dass ein Wunder passiert ist?
- Was ist anders?
- Was genau ist das Wunderbare an diesem Wunder?
- Was ist das Beste daran?

- Was kann ich dazu beitragen, damit das Wunder geschieht?
- Was ist der erste Schritt?

Natürlich stellst du die Fragen nacheinander und nicht auf einmal. Lass dir Zeit und formuliere die Fragen in deinen eigenen Worten.

Sagt dir Brainstorming etwas? Das ist eine kreative Methode, um Lösungen zu finden. Man lässt sich möglichst viele Antworten einfallen, zunächst ohne sie zu beurteilen. Auch verrückt klingende Möglichkeiten sind ausdrücklich erlaubt. Wenn du 50 oder 100 Ideen gesammelt hast, prüfst du jede einzelne. Die meisten überlassen ihrem Ego die Prüfung. Es sichtet sehr schnell die Ergebnisse und sagt dir gerne, dass nichts Brauchbares dabei sei.

Anders die Intuition. Mit ihrer Hilfe prüft man nach dem Topfschlagen-Prinzip, ob eine Idee heiß, warm, kalt oder ganz kalt ist. Die ganz kalten Vorschläge kann man aussortieren. Bei allen anderen kann man nachfragen, wie sich die Idee eventuell abwandeln lässt, damit sie brauchbar wird. Was fehlt der »kalten« Idee, damit sie »warm« wird? Was würde den »warmen« Tipp in einen »heißen« verwandeln?

Das dauert natürlich viel länger, aber auf diese Weise steigen die Chancen, die Ideen weiterzuentwickeln, sodass am Ende eine richtig gute Lösung dabei herauskommt.

PROBIER DAS MAL

Nun zurück zu deinem Thema. Möchtest du deiner Intuition weitere Fragen stellen? Welche der oben genannten kommen in Betracht? Fallen dir selbst passendere ein? Oder wie wäre es mit einem intuitiven Brainstorming?

Die Antworten annehmen und schützen

Wir sind beim sechsten und letzten Schritt des intuitiven Prozesses angekommen. Er ist besonders wichtig im Hinblick auf die Umsetzung der gewonnenen Erkenntnisse.

Wie sich bereits an verschiedenen Stellen gezeigt hat, konkurrieren Ego und Intuition miteinander. Diese Konkurrenz geht vom Ego aus. Aus seiner Sicht macht das Sinn. Schließlich hat es deine sämtlichen Erfahrungen gesammelt und gespeichert, seit deiner Geburt. Darauf ist es stolz. Es glaubt zu wissen, was richtig für dich ist, und es will dich schützen.

Die Intuition ist dem Ego nicht ganz geheuer. Sie schöpft aus Quellen, die ihm fremd sind, und wartet mit Ideen auf, die mitunter sehr ungewöhnlich sind und ein bisschen verrückt scheinen, jedenfalls gemessen am Erfahrungsschatz des Egos. Dieses setzt lieber auf Altbewährtes und möchte auf Nummer sicher gehen.

Leider blockiert es damit permanent neue Lösungen. Das Ego ist voreingenommen: Was es nicht kennt, lehnt es ab. Entsprechend ruppig geht es mit den intuitiven Einfällen um.

Das Ego dafür zu verurteilen führt nicht weiter. Es macht nur seinen Job. Ihm ist dein Überleben wichtiger als dein Glück, auch wenn es in 99 Prozent der Fälle völlig zu Unrecht glaubt, du seist in Gefahr.

Am besten ist es daher, die Kommentare des Egos einfach zur Kenntnis zu nehmen. Mehr nicht. Keine Diskussion, kein innerer Streit.

Im Moment kommt es vielmehr darauf an, die Antworten, die du intuitiv gewonnen hast, zu sichern. Du könntest beispielsweise den Prozess noch einmal in der Erinnerung durchgehen, damit dir der Weg klar ist. Oft sind es bestimmte Wörter oder Bilder, die ein Aha-Erlebnis ausgelöst haben. Deshalb solltest du dir diese einprägen. In einigen Fällen sind die Erkenntnisse so neu, dass man sie besser aufschreibt. Neu heißt nicht, dass man etwas vorher noch nie bemerkt hat.

Zum Beispiel kann es sein, dass man sich nicht für besonders mutig hält. Plötzlich fallen einem jedoch Situationen ein, in denen man durchaus Mut bewiesen hat. Nur sind diese Ereignisse bisher nicht ins Selbstbild integriert. Das Ego in seiner grundsätzlichen Ängstlichkeit unterstützt natürlich den falschen Eindruck, den man von sich hat. Daher kommt man kaum darum herum, sich eine Zeit lang klarzumachen, dass man überhaupt nicht so feige ist, wie man immer meinte. Manchmal muss man darum kämpfen, sich wirklich zu verstehen. In solchen Fällen hilft das Annehmen und Schützen der Antworten, das Neue in seinem Leben zu verankern.

PROBIER DAS MAL

Achte einmal darauf, wie dein Ego reagiert, wenn du dich mit dem intuitiven Prozess beschäftigst. Versucht es, so etwas wie »Intuition«, »inneres Selbst«, »Bauchgefühl« oder »gespürte Bedeutungen« generell abzuwerten und lächerlich zu machen? Lässt es dich in Ruhe, jedenfalls so lange, bis du deine neuen Erkenntnisse in die Tat umsetzen willst? Ermutigt es dich sogar, dich mit deiner Intuition zu befassen? (Entwickelte, aufgeklärte Egos kennen ihre Grenzen und sind aufgeschlossen für Experimente.)

....

Wir sind am Ende des Kapitels angelangt. Abschließend sei noch darauf hingewiesen, dass der intuitive Prozess hier in extremer Zeitlupe dargestellt wird. Zwar kann es je nach Thema durchaus länger dauern, bis eine Antwort kommt. Diese lässt aber selten länger als 60 bis 90 Minuten auf sich warten. Im Alltag beansprucht die Befragung der Intuition höchstens ein paar Sekunden. Im Idealfall stehst du mit deinem wahren Selbst ständig in Verbindung. Dann brauchst du über die einzelnen Schritte nicht mehr nachzudenken, sondern handelst ganz natürlich intuitiv.

4

Vertrauen entwickeln

Wenn man es nicht gewohnt ist, seiner inneren Stimme zu folgen, muss man zunächst mit Zweifeln und Ängsten rechnen. Je stärker man aber merkt, dass der intuitive Weg verlässlicher ist als das blinde Befolgen starrer Regeln, desto mehr wächst das Selbstvertrauen. Nichts ist befriedigender und erfolgreicher, als sich von seinen Glücksgefühlen leiten zu lassen.

Ist auf die Intuition Verlass?

Einige, die über Intuition schreiben, berichten von dramatischen Ereignissen, in denen ihre innere Stimme sie vor dem Tod bewahrt hat. So etwas habe ich bisher nicht erlebt, lege darauf aber auch keinen gesteigerten Wert. Was ich erfahren habe, ist aus meiner Sicht bei Weitem nicht so aufregend, dafür aber umso alltagstauglicher.

Spontan fällt mir eine Erinnerung aus meiner Schulzeit ein. Ich stand an der Tafel. Unser Mathematiklehrer hatte mir eine Aufgabe gegeben, die mir in ihrer Art unbekannt war. Er hatte mich ausgewählt, sie zu lösen, weil er mit einem anderen Teil der Klasse diese Lektion bereits durchgenommen hatte. Der Anfang des Lösungswegs war noch Routine, aber dann kam ich an einen Punkt, an dem ich nicht weiterwusste. Ich fühlte mich dennoch nicht unter Druck, wartete – was sollte ich sonst tun? –, der Lehrer sah mich freundlich grinsend an, und im nächsten Moment dachte ich »Ach, ja« und hatte den Dreh gefunden, buchstäblich aus dem Nichts. Heute würde ich das intuitiv nennen, aber ich bin mir nicht sicher, ob mir der Begriff damals schon etwas sagte. Als ich wieder auf meinem Platz saß, wusste ich nicht mehr, wie ich das gemacht hatte, und ließ mir von einem Mitschüler den Lösungsweg noch einmal erklären.

Etwas Ähnliches passierte mir im Lateinunterricht. Mit dieser Sprache kannte ich mich bestens aus, was ich auf eine überragende Lehrerin in der Anfangsklasse zurückführe. Ihr Kollege führte den Unterricht weiter. In einer Stunde kam dieser auf bestimmte Verbformen zu sprechen. Er bildete einige uns bekannte Arten und fragte dann in die

Runde, ob jemand eine Ahnung habe, wie die nächste Variante aussehen könnte. Allgemeines Schweigen. Ich meldete mich und sagte ihm die Antwort. Sie stimmte. Ich war mir sicher gewesen, obwohl ich nicht die geringsten Anhaltspunkte dafür hatte. Einige Mitschüler mögen gedacht haben, ich hätte schon ein paar Lektionen zu Hause vorausgelernt, aber so war es nicht. Die Lösung lag einfach in der Luft.

Meine Schwester berichtete mir jüngst, dass sie mit ihrem Auto in der City gewesen sei und keinen Parkplatz gefunden habe, sodass sie sich entschloss, in einer Verbotszone zu parken, obwohl ihre innere Stimme ihr dringend davon abriet. Als sie zurückkam, hatte sie einen Strafzettel hinter dem Scheibenwischer.

Meine Coachingklienten sagen mir oft, dass sie eigentlich immer wussten, was sie hätten tun sollen. »Eigentlich« und »hätte«, genau diese beiden sind das Problem.

Auch ich kenne das. Entweder ziehe ich meine Intuition nicht zurate oder setze mich über sie hinweg. Gestern Abend stieß ich auf eine Band namens Kitty, Daisy and Lewis, die 2008 mit einem Album auf sich aufmerksam gemacht hatte. Dabei fiel mir ein Trio mit ähnlicher Musik Anfang der 1980er-Jahre wieder ein. Wie hießen die nur?

Irgendwas mit S vielleicht? Ich recherchierte im Internet, hatte aber nicht genug Anhaltspunkte für eine erfolgreiche Suche. Zwar konnte ich die Gruppe vor meinem geistigen Auge sehen und die Art der Musik innerlich hören, aber auf den Namen kam ich nicht. Also nahm ich das Rocklexikon zur Hand, fand aber unter S nichts Passendes. Nun packte mich der Ehrgeiz. Ich blätterte das gesamte Lexikon von Z–A durch. Ja, rückwärts, warum nicht? Kein Name dabei, der mich an die gesuchte Band erinnerte. In dem Moment dachte ich, warum ich ein Buch über Intuition schreibe, wenn ich diese nicht nutze. Ich hielt inne und wartete. S war immer noch eine heiße Spur … Stray … Stray … Stray Cats. Voilà!

Heute Morgen habe ich das Ergebnis im Internet überprüft. Kein Zweifel, das waren sie. So sahen sie aus und so klang ihre Musik.

Aber auch das Durchblättern des Rocklexikons war nicht so sinnlos, wie es mir nach der vergeblichen Suche zunächst schien. Ich habe jede Menge Musikgruppen entdeckt, deren Alben ich mir demnächst erstmals oder wieder einmal anhören werde.

Wenn man seine Intuition ignoriert oder ihr nicht folgt, funktioniert auch das, nur in umgekehrter Richtung: Man gerät völlig unnötig in Sackgassen

und bleibt dort so lange stecken, bis man sich auf
seine innere Weisheit besinnt.

Berichte und Beispiele über die Verlässlichkeit der
Intuition könnte ich hier noch lange fortsetzen,
aus meinem Leben und aus dem Leben anderer.
Nichts ist jedoch überzeugender als die eigenen Erfahrungen.

PROBIER DAS MAL

Ich würde dir empfehlen, mit kleinen, alltäglichen Situationen, wie ich sie eben geschildert habe, zu beginnen.
Dabei gehst du kein Risiko ein und kannst langsam Vertrauen aufbauen, dass du dich auf deine Intuition verlassen kannst.
Fallen dir Situationen ein, in denen dein Bauchgefühl
besser Bescheid wusste als dein Verstand?

Zweifel und Ängste akzeptieren

Der Traum von absoluter Angstfreiheit ist ver-
lockend, aber illusorisch. Seine Erfüllung ist nicht
einmal wünschenswert. Angst dient einer wichtigen Aufgabe in unserem Leben. Sie soll uns vor

Gefahren schützen, die unsere Gesundheit und unser Leben bedrohen. Deshalb ist Angst unverzichtbar für das Überleben.

Leider reagieren wir nicht nur auf reale Gefahren ängstlich, sondern auch auf eingebildete. Da viele Menschen eine lebhafte Fantasie haben, scheinen ihnen Gefahren auch dort zu lauern, wo in Wirklichkeit überhaupt keine sind.

Wir sind oft nicht in der Lage, sofort sagen zu können, ob etwas gefährlich ist oder nicht. So gilt eine ganze Reihe von Stoffen als krebserregend. Ob diese Annahmen in jedem Fall stimmen, ist fraglich. Die Festlegung von Grenzwerten für die Freisetzung von Stoffen, die im Verdacht stehen, der Gesundheit zu schaden, ist relativ willkürlich. Mal werden sie gesenkt und mal erhöht. Teilweise ist diese Entscheidung von politischen und wirtschaftlichen Interessen beeinflusst.

»Alle Dinge sind Gift, und nichts ist ohne Gift; allein die Dosis macht's, dass ein Ding kein Gift sei«, wusste schon Paracelsus. Mit anderen Worten: Im Übermaß ist alles schädlich.

Nicht die Tatsachen beunruhigen uns, sondern wie wir darüber denken. Was harmlos ist, halten wir mitunter für gefährlich. Umgekehrt nehmen wir manche reale Gefahr nicht ernst. Beispiel: Im Straßenverkehr Schaden zu erleiden ist viel wahrscheinlicher als bei einem Flug. Trotzdem haben Menschen, die unter intensiver Flugangst leiden, keine vergleichbaren Bedenken, täglich ihr Auto zu benutzen.

Ist ein Risiko damit verbunden, seiner Intuition zu folgen? Das kann niemand ausschließen. Ist ein Risiko damit verbunden, seiner Intuition NICHT zu folgen? Auch das kann niemand ausschließen.

Wenn du beispielsweise dein Bauchgefühl zurate ziehst, ob du dich einer ärztlichen Untersuchung und Therapie unterziehen solltest, könnte es dir sehr schaden, falls du dich irrst. Aber auch wenn du den Empfehlungen der Mediziner blind folgst, gehst du möglicherweise ein hohes Risiko ein.

Sven Böttcher hat ein sehr informatives Buch mit dem Titel *Rette sich, wer kann – Das Krankensystem meiden und gesund bleiben* geschrieben. Der Besuch bei einem Arzt kann deine Gesundheit oder gar dein Leben gefährden. Der Fachbegriff dafür ist iatrogene (durch den Arzt erzeugte) Erkrankungen. Die Infektion mit resistenten Keimen in Krankenhäusern ist nur ein Beispiel dafür. Böttcher ist einer unter vielen Autoren, die auf das Risiko ärztlicher Behandlung hinweisen. Prof. Peter Gøtzsche warnt in seinem Buch *Tödliche Medizin und organisierte Kriminalität – Wie die Pharmaindustrie unser Gesundheitswesen korrumpiert* ebenfalls vor den Gefahren eines fehlgeleiteten Gesundheitssystems.

Ein gewisses Maß an Angst zu haben dient der Gesundheit. Vorsicht ist stets geboten, egal was man tut oder lässt.

Deshalb betrachte ich Zweifel und Ängste, was die Intuition angeht, als durchaus willkommen.

Überleg dir genau, ob du dich von deiner Intuition leiten lassen willst, vor allem ob du dich allein von deiner Intuition leiten lassen möchtest. Überleg dir aber genauso gründlich, ob du es dir wirklich leisten kannst, auf die Verbindung zu deinem wahren Selbst zu verzichten.

Der Weg zum Selbstvertrauen

>>Wer einmal sich selbst gefunden hat,
der kann nichts mehr auf dieser Welt verlieren.<<
Stefan Zweig

Es wäre ein Fehler anzunehmen, dass nur dein Ego um dich besorgt ist. Auch die Intuition warnt dich. Interessant ist, auf wie unterschiedliche Art die beiden dies tun.

Dein Ego macht dir die Hölle heiß, wenn es auch nur die kleinsten Risiken sieht, und lässt dir keine

Ruhe mehr, bis deine Nerven flattern. Es kennt tausend Gründe, warum du alles beim Alten lassen und das Neue, Ungewisse scheuen solltest. Mit seiner Angstmache ist es wahnsinnig erfolgreich, selbst wenn die Gefahren nur eingebildet sind.

Das muss nicht so bleiben. Du könntest Beweise für die Argumente des Egos verlangen. Die Angst allein zwingt dich nicht, ihm nachzugeben. Indem du regelmäßig die Tatsachen und die Wahrscheinlichkeit einer echten Bedrohung prüfst, gewinnst du die Kontrolle über dein Handeln zurück.

Wenn die Intuition dich warnt, gibt es dafür gute Gründe. Sie versucht nie, dich zu erpressen. Sie macht dir keine Angst und drangsaliert dich nicht. Du verspürst bei einer Sache lediglich ein ungutes Gefühl. Das ist alles. Es fällt dir leicht, dich darüber hinwegzusetzen, obwohl es nicht zu deinem Besten ist. Die Intuition fordert nicht und kämpft nicht. Sie akzeptiert dein Ego, alle deine Gedanken und Gefühle. Umgekehrt ist das nicht der Fall. Das Ego akzeptiert deine Intuition nur äußerst widerwillig.

Dein wahres Selbst wartet, bis du reif genug bist, Kontakt zu ihm aufzunehmen und dich von ihm inspirieren und leiten zu lassen.

Du bleibst die ganze Zeit frei, zu tun und zu lassen, was du willst. Zeit spielt keine Rolle. Was du in diesem Leben nicht lernst, lernst du eben später, zu einer anderen Zeit an einem anderen Ort.

Diese Einstellung hängt damit zusammen, dass dein wahres Selbst um seine Unsterblichkeit weiß, während deinem Ego bewusst ist, dass es nur dieses eine Leben hat. Dein Körper ist vergänglich. Deine Gedanken und Gefühle sind zeitgebunden. Doch dein wahres Selbst hat alle Zeit der Welt. Es ist nie in Eile. Es ängstigt sich nicht, kennt keine Depressionen und gerät nicht in Wut. Glückseligkeit, Frieden, Liebe und Freundlichkeit kennzeichnen dein wahres Selbst.

Das Ego dagegen ist blind. Es muss raten, was die Zukunft und die richtigen Entscheidungen angeht. Doch tut es so, als wüsste es bei allem genau Bescheid. Seine Informationen bezieht es aus der Vergangenheit – und es behauptet, die Zukunft sehe so ähnlich aus. Sein wichtigstes Instrument ist die Statistik. Was sollte es auch anderes tun? Wunder und Überraschungen sind ihm nicht nur fremd, sondern sogar unheimlich. Es hasst alles Neue und Unerwartete.

Die Intuition muss nicht aufschneiden oder blenden. Sie ist allwissend, kennt die Potenziale und Möglichkeiten der Zukunft. Ob du sie ergreifst, ist deine Sache. Über dein Bauchgefühl bekommst du eine Ahnung, was zukünftig möglich wäre. Du spürst die Verheißung. Das ist aufregend, inspirierend und hoffnungsfroh.

Dein Ego kann damit nichts anfangen. Es gibt sich cool, realistisch und überlegen und liegt mit deinem wahren Selbst in ständigem Widerstreit.

Das ist so ähnlich wie das Verhältnis zwischen Experten und Machern. Die Experten sind oft gar keine. Sie ziehen Statistiken heran, also totes Zahlenmaterial, um daraus die Zukunft zu errechnen. Diese Rechnung mag mathematisch richtig sein. Dennoch bleibt sie Kaffeesatzleserei, weil eine Statistik nichts über den nächsten, richtigen Schritt zu sagen vermag. Erst hinterher sind alle klüger.

Die Intuition ist bereits vor der Entscheidung klug. Sie vermittelt eine Ahnung davon, was am besten zu tun ist. Begründen lässt sich das Bauchgefühl nicht. Deshalb spielt es in Diskussionen keine Rolle. Was könnte man mehr sagen als: »Ich spüre, dass es richtig ist.«

Ich will damit nicht behaupten, dass alle Macher von ihrer Intuition geleitet sind. Aber auf die erfolgreichsten unter ihnen trifft das häufig zu. Gute UnternehmerInnen brauchen ein Gespür für Trends, für die richtigen Mitarbeiter und die Bedürfnisse ihrer KundInnen. Aus Büchern über Betriebswirtschaftslehre lässt sich das nicht lernen.

Gelegentlich werden für falsche Entscheidungen die Gefühle verantwortlich gemacht. Es mag sein, dass man sich von seinen Gefühlen hinreißen lässt und glaubt, die Intuition würde sprechen. Doch wenn du das Buch bis hierher aufmerksam gelesen hast, weißt du bereits, dass man Gefühle nicht mit Intuition verwechseln darf. Wer tatsächlich in Kontakt mit seiner Intuition ist, wird die richtige Entscheidung treffen.

Folge deinen Glücksgefühlen

>»Nicht der Wind, sondern das Segel
bestimmt die Richtung.«
Chinesisches Sprichwort

Die Intuition ist dein Kompass. Mithilfe guter und unguter Bauchgefühle weist sie dir den Weg. Folge einfach den guten Gefühlen. Damit meine ich nicht unbedingt Freude, Glückseligkeit, Begeisterung, Vergnügen oder Ekstase. Vielmehr geht es um das Gefühl der Stimmigkeit. Es stellt sich ein, wenn du auf dem richtigen Weg bist.

Dieser Weg kann mitunter schwierig sein und Durststrecken beinhalten. Freude, Vergnügen und Begeisterung wirst du in solchen Zeiten wenig verspüren. Unabhängig davon hast du aber die Gewissheit, dass der Weg stimmt. Trotz vorübergehender Beschwernisse das Richtige zu tun ist äußerst befriedigend.

Was richtig ist, bestimmt sich nicht danach, was andere tun, auch nicht nach den Gesetzen, der Moral oder der Tradition. Die anderen können sich irren, die Gesetze dem Recht widersprechen. Die Moral kann verkommen sein und die Tradition überholt.

Deshalb ist richtig allein das, was du tief im Inneren als stimmig empfindest.

Menschen, die im Widerstand gegen die herrschenden politischen Zustände gelebt haben, haben sich oft allein an ihrem inneren Kompass orientiert. In diesem Zusammenhang wird häufig vom Gewissen gesprochen. In letzter Instanz ist dies aber etwas, das mit Worten nicht abschließend begründet werden kann, weil es identisch mit dem wahren Selbst ist.

Zum Beispiel hat Mahatma Gandhi das Unrecht des britischen Kolonialismus nicht nur in seiner Umwelt beobachtet, sondern tief in seinem Inneren empfunden. Gleichzeitig hatte er wie viele seiner MitstreiterInnen ein sicheres Gespür dafür, wie eine gerechte Ordnung in seinem Land verfasst sein müsste.

Trotz Verhaftung, Gefängnis und Rückschlägen hielt er unbeirrt an seinem Ziel fest. Während er Unterdrückung und Repressalien zu erdulden hatte, umgab ihn eine außergewöhnlich heitere Gelassenheit. Was gab ihm, dessen Körper so klein und schmächtig war, so viel Kraft? Es war die Gewissheit, das Richtige zu tun.

In Übereinstimmung mit seinem Innersten zu handeln ist beglückend. Deshalb brauchst du im Grunde nichts weiter zu tun, als diesen tief empfundenen Glücksgefühlen zu folgen. Begeisterung und Vergnügen vergehen schnell wieder. Aber solange du auf dem richtigen Weg bist, hält die innere Zufriedenheit an.

PROBIER DAS MAL

Falls du schnell mal ein Feedback brauchst, ob die Richtung in deinem Leben stimmt, halte inne und spüre nach innen. Dort bekommst du eine definitive Antwort. Ein ungutes Gefühl bedeutet Nein, ein gutes Ja. Willst du mehr über das eine oder das andere Gefühl wissen, frag es. Es sagt dir auch gerne, was nötig wäre, damit du wieder auf den richtigen Kurs kommst.

Ein interessantes Experiment gibt weitere Aufschlüsse darüber, was es heißt, seinen Glücksgefühlen zu folgen.

Ohne zu wissen, dass sie an einem Versuch teilnahmen, wurden drei Gruppen von Besuchern einer Galerie gebeten, sich eines von fünf Postern auszusuchen. Die Teilnehmer der ersten Gruppe sollten erst dem Versuchsleiter ihre Vorlieben und Abneigungen gegenüber jedem Bild mitteilen und sich danach für eines entscheiden. Die Teilnehmer der zweiten Gruppe sollten ohne langes Nachdenken spontan ein Poster auswählen. Bei der dritten Gruppe war es so, dass den Teilnehmern erst die Poster gezeigt wurden, dann lenkte man sie fünf Minuten ab, anschließend sollten sie sagen, welches Bild für sie infrage käme.

Alle durften das Ergebnis ihrer Wahl als Geschenk mit nach Hause nehmen. Damit war das Experiment aber noch nicht zu Ende. Nach drei Monaten wurden die Teilnehmer aller Gruppen gefragt, wie zufrieden sie mit ihrer getroffenen Wahl waren. Obwohl die Mitglieder der ersten beiden Gruppen unmittelbar nach der Wahl am sichersten waren, richtig entschieden zu haben, stellte sich heraus, dass nach Ablauf von drei Monaten die Teilnehmer der dritten Gruppe am zufriedensten waren.

Aus meiner Sicht bestätigt dieses Experiment, dass die Intuition dem Ego weit überlegen ist. Zugleich zeigt der Versuch, wie wichtig es ist, zwischen spontan und intuitiv zu unterscheiden.

Die Mitglieder der ersten beiden Gruppen hatten sich von ihrem Ego leiten lassen. Dieses wägt, wie bei der ersten Gruppe, das Pro und Kontra ab und entscheidet sich dann. Auch die spontane, schnelle Entscheidung ist Sache des Egos. Es weiß sofort, was es will.

Anders die Intuition. Sie braucht etwas Zeit. Ob man dabei bewusst wartet oder, wie in diesem Experiment, sich einige Minuten mit etwas anderem beschäftigt, ist zweitrangig. Die Entscheidung reift auch unbewusst.

Spontaneität wird sehr oft mit Intuition verwechselt. Beides geht relativ schnell, doch braucht die Intuition schon etwas mehr Zeit, wenn auch nicht zum Überlegen. Das Empfinden, welche Wahl stimmig ist, stellt sich erst nach und nach ein. Deshalb kann man nicht spontan, wie aus der Pistole geschossen, antworten.

Auch wer abwägt oder um Bedenkzeit bittet, handelt nicht zwangsläufig intuitiv. Dabei ist eher das Ego aktiv. Es stellt Pro und Kontra gegenüber. Doch fehlt der Bezug zum Bauchgefühl. Woraus das Gefühl, die richtige Wahl getroffen zu haben, resultiert, ist dem Beobachter ebenfalls nicht klar. Manche freuen sich darüber, dass sie so entscheidungsfreudig sind. Aber nur diejenigen, für die sich die Entscheidung an sich richtig anfühlt, sind mit ihrem wahren Selbst in Verbindung getreten.

Außenstehende sehen nur, dass die Person schweigt. Ob sie dabei überlegt (Ego) oder sich auf ihre Körpermitte konzentriert, um ein spürbares positives, negatives oder gleichgültiges Signal zu empfangen, ist von außen nicht erkennbar. Die mögliche Verwechslungsgefahr ist für Ahnungslose – »Intuition« bedeutet unter anderem »Ahnung« – ziemlich groß.

Seine intuitiven Glücksgefühle sicher erkennen zu können ist eine hohe Fähigkeit. Wer sie entwickelt hat, für den wird das Leben viel einfacher. Er oder sie braucht nur noch seinem inneren Kompass zu folgen.

5

Intuitiv leben

Die Intuition kann das Leben in jeder Hinsicht
verbessern. Sie ist eine unentbehrliche Hilfe, um:

- seine TraumpartnerIn zu finden und mit
  ihr glücklich und dauerhaft zusammenzu-
  leben,
- Freundschaften zu schließen, wie es sie sonst
  nur in Romanen und Filmen gibt, die zu schön
  scheinen, um wahr werden zu können,
- seine berufliche Bestimmung zu entdecken und
  zu leben, sodass die Arbeit kein notwendiges
  Übel darstellt,
- sich entweder beruflich selbstständig zu
  machen oder den Arbeitsplatz in seinem
  Traumteam aufzuspüren, der alle inneren
  und äußeren Bedürfnisse erfüllt, die man sich
  immer erhofft hat, und
- alles zu tun, um die Gesundheit zu erhalten
  oder wiederherzustellen, indem man auf seinen
  Körper hört statt auf die täglich wechselnden,

widersprüchlichen Gesundheitstipps der ExpertInnen.

Manche mögen dies als hohe, unerfüllbare Ansprüche betrachten, aber ist es nicht das, wonach sich die Seele sehnt?

Es kommt nicht einmal darauf an, in allen genannten »Disziplinen« absolute Meisterschaft zu erreichen. Das Leben ist mehr wie ein Sieben- oder ein Zehnkampf. In diesen Sportarten erbringen die AthletInnen in ihren Einzeldisziplinen keine Bestleistungen. Auf jedem einzelnen Gebiet gibt es zahlreiche SportlerInnen, die sie mühelos übertreffen. Aber in der Summe sind die TeilnehmerInnen in den Mehrkämpfen nicht zu toppen. Sie sind die besten Allrounder.

So ähnlich ist es im Leben. Nur beruflich oder privat zu reüssieren reicht nicht. Die Gesundheit dabei zu opfern ist ein zu hoher Preis.

Ich kenne niemanden, der Partnerschaft, Freundschaften, Beruf, Finanzen und Gesundheit gleichermaßen im Griff hat. Doch einige kommen diesem Ideal näher als andere.

Darum geht es: auf dem richtigen Weg zu sein, statt in unbefriedigenden Verhältnissen auszuharren und auf ein Wunder zu warten.

Deine TraumpartnerIn

Wie ist das bei dir? Hast du deinen Traumpartner oder deine Traumpartnerin bereits gefunden? Lebst du im Moment als Single? Wünschst du dir eine Partnerschaft? Spielst du mit dem Gedanken, dich aus deiner bestehenden Partnerschaft zu lösen? Oder habt ihr euch gerade getrennt? Sind diese Fragen für dich geklärt oder weißt du gar nicht so genau, wo du stehst?

Deine Intuition kann dir in allen genannten Punkten eine große Hilfe sein.

Es beginnt damit, herauszufinden, ob du eine Partnerschaft möchtest. Es gibt kein Muss in dieser Frage, auch wenn deine Umgebung dich vielleicht dazu drängt, dir eine PartnerIn zu suchen. Manche Menschen leben bestens allein, und zwar dauerhaft. Darüber wird wenig gesprochen. Leicht wird so getan, als ob mit jemandem, der nicht in einer Beziehung lebt, etwas nicht stimmt.

Wenn du damit zufrieden bist, allein zu leben, ist alles in bester Ordnung. Jeder lebt zeitweise allein, sei es in jungen Jahren, am Ende des Lebens oder immer mal wieder zwischendurch. Für einige ist es die ideale Lebensform. Schon das Wort all-ein ist vielschichtiger, als den meisten bewusst ist. Im

Grunde ist niemand isoliert, obwohl man sich vielleicht manchmal so fühlt.

Die Verbindung zum wahren Selbst ist die einzige, die jederzeit und überall erreichbar ist. Über sie steht man mit allen Wesen dieser Welt in Kontakt. Falls du eine PartnerIn suchst, könntest du dich bei Personen, die dir begegnen, fragen, wie deine Intuition zu diesen steht. Reagiert sie positiv, negativ oder neutral?

Eine Beziehung mit einer Person einzugehen, vor der das wahre Selbst warnt, ist riskant. Es könnte dich Jahre deines Lebensglücks kosten. Nicht wenige tun leider genau dies. Sie setzen sich über ihre innere Stimme hinweg, nur um nicht allein zu sein. Deshalb ist es so wichtig, dass deine Beziehung zu dir selbst stimmt. Dann bist du frei, dir deinen Lieblingsmenschen auszusuchen.

Im Grunde ist es total einfach, die Liebe fürs Leben zu finden. Du fühlst dich vom ersten Moment an mit ihr wohl, beim ersten Treffen und bei jedem weiteren. Beruht das auf Gegenseitigkeit, könnt ihr irgendwann zusammenziehen, wenn das für euch beide passt. Frag wieder deine Intuition.

Es gibt die ganze Zeit keinen Versuch zu manipulieren. Keiner drangsaliert den anderen und will ihn so hinbiegen, wie er ihn gerne hätte. Niemand muss sich verstellen und etwas vorgeben, was er/

sie nicht ist. Das alles funktioniert nämlich nicht, sondern beschädigt bloß die Beziehung.

Wahre FreundInnen

>»Kein Weg ist lang
>mit einem Freund an der Seite.«
>*Japanisches Sprichwort*

Traumpartner und echte Freunde unterscheiden sich nur graduell. Es verläuft eine Linie von Fremden zu Bekannten, zu Freunden bis zum Partner. Am Anfang ist einem jeder fremd. Mit einigen macht man sich bekannt. Aus Bekanntschaften können Freundschaften werden, und im Idealfall wird aus einer Freundschaft die Traumpartnerschaft. Ebenso kann es umgekehrt laufen. Aus der Partnerschaft wird eine bloße Freundschaft. Der Freund wandelt sich zum Bekannten. Der Bekannte wird einem wieder fremd. Traumpartnerschaft würde ich allerdings so definieren, dass sie nicht endet. Wusstest du, dass eine Million Paare in Deutschland seit mehr als 50 Jahren zusammenleben? 72 Prozent der Deutschen glauben an die Liebe fürs Leben.

Mithilfe der Intuition kann diese wahr werden. Viel hängt davon ab, die richtige Wahl zu treffen; denn ändern kann man den Partner nicht, obwohl viele davon überzeugt sind und es ständig versuchen. Aber genau das ist das Problem.

Such dir lieber Menschen als Partner und Freunde aus, die von Anfang an zu dir passen. Dass der Partner zugleich der beste Freund sein sollte, halte ich für selbstverständlich. Wer möchte schon, dass der Film *Der Feind in meinem Bett* zur bitteren Realität wird?

Mit seinem Lieblingsmenschen wird man in der Regel die meiste Zeit verbringen. Die Übereinstimmung mit ihm ist größer als mit den Freunden. Ob das auch für deine Beziehungen so sein sollte, sagt dir am besten deine Intuition.

Die Tradition spielt für das Verhältnis zu Freunden und Partnern immer noch eine große Rolle. Sie will bestimmen, was »man« zu tun oder zu lassen hat. Auch die Geschlechterrollen werden vordefiniert. Wenn solche Regeln für einen nicht passen, ist es unmöglich, sich nach äußeren Erwartungen zu richten. Allein die Intuition weiß die richtigen Antworten. Sie individualisiert dein Leben so, dass es für dich stimmt.

Deine berufliche Bestimmung

Besonders krass ist der Unterschied zwischen dem Ego und dem wahren Selbst, wenn es darum geht, seinen Beruf zu wählen.

Das Ego ist hingerissen von äußerlichen Dingen wie Bezahlung, Macht, Status und Marktchancen. Wer seinen Beruf so wählt, dass er oder sie weit oben auf der Karriereleiter steht, ein hohes Einkommen bezieht und von vielen Unternehmen gefragt ist, kann sich des allgemeinen Beifalls sicher sein. Was soll daran nicht stimmen?

Nun, eigentlich alles. Es ist der gerade Weg zum Unglücklichsein. Eine Zeit lang mag das Ego sich wahnsinnig geschmeichelt fühlen, berauscht von Geld, Macht und Ruhm. Aber mehr und mehr wird die innere Leere spürbar, ein seltsames, nicht erwartetes Gefühl der tiefen Unzufriedenheit. Das Ego kennt dagegen nur ein einziges Heilmittel: Es ist noch nicht genug. Mehr Geld, mehr Einfluss und mehr Anerkennung müssen her. Allein, es will nicht gelingen. Die Kluft zwischen dem äußeren Erfolg und der inneren Unzufriedenheit wird nur noch größer. Das Ego gerät langsam in Panik und neigt dazu, sich immer verrücktere Sachen auszudenken.

Wenn du klug bist, sparst du dir diesen Weg und lernst von abschreckenden Beispielen, die du in den Gesellschaftsnachrichten zuhauf findest. Fast täglich verglüht ein Stern am Ruhmeshimmel.

Das wahre Selbst weist dir auch bei der Berufswahl sicher den richtigen Weg. Der Beruf (vielleicht sind es auch zwei oder drei), der für dich bestimmt ist, fühlt sich super an. Gleich zu Beginn und auch später noch. Alle damit verbundenen Schwierigkeiten (die dir nicht erspart bleiben werden) steckst du locker weg. Nichts kann dich von deinem Traumberuf abbringen. Das Können spielt am Anfang keine Rolle. Talent ist ein Mythos. Viel wichtiger ist das Wollen. Ist die Faszination da, wächst du langsam in den Beruf hinein. Du willst alles darüber wissen.

Vielleicht verdienst du dabei einmal viel Geld und wirst berühmt. Aber darauf kommt es nicht an. Wenn du deine Arbeit nicht gerne machst und keine tiefe innere Befriedigung dabei verspürst, hast du deinen Traumberuf noch nicht gefunden.

PROBIER DAS MAL

Wenn du kein Geld verdienen müsstest, was würdest du dann die nächsten 50 Jahre täglich tun wollen? Tennis spielen? Wirklich? Dann würde ich mich an deiner Stelle mal nach Berufsmöglichkeiten in dem Bereich umschauen. Oder ist es reisen? Welche Art von Reisen? Mit Sicherheit gibt es zahlreiche Menschen, die ihre Lieblingstätigkeit zu ihrem Beruf gemacht haben. Warum nicht auch du?

Der ideale Arbeitsplatz

Die Berufswahl ist zwar grundlegend, aber ohne die passenden Konditionen wird dir das Arbeiten nur halb so viel Spaß machen. Was brauchst du, um dich in deinem Beruf wohlzufühlen? Wie sieht dein idealer Arbeitsplatz aus? Hier sind ein paar Punkte, die für die meisten Menschen bei der Ausübung ihres Berufs eine wichtige Rolle spielen:

An vorderster Stelle stehen die Menschen, mit denen man täglich bei der Arbeit zu tun hat. Da wären einmal die KollegInnen, die Vorgesetzten, aber auch die Kunden.

Auch wenn man sich ein eigenes Unternehmen aufgebaut hat, sind die umgebenden Strukturen ähnlich. Die Kollegen, das sind dann unter anderem Lieferanten, MitarbeiterInnen und Mitbewerber. Die Vorgesetzten tauchen in Form von Banken, Investoren und anderen Kreditgebern auf. Und KundInnen braucht man natürlich auch. Nur die Spielräume sind normalerweise größer, als wenn man angestellt ist.

Einen weiteren Punkt stellen die Räume dar. Es ist nicht unwichtig, wo der Arbeitsplatz liegt und wie er gestaltet ist. Das betrifft Möbel, Werkzeuge und Geräte.

Obwohl die Bezahlung bei der Berufswahl nicht an erster Stelle stehen sollte, ist sie natürlich einzubeziehen.

Und schließlich sind da die Aufgaben, das, was man den lieben langen Tag, unter Umständen sieben Tage die Woche, bei Schichtdienst Tag und Nacht am Arbeitsplatz tut. Im Idealfall ist es das, weshalb man den Beruf gewählt hat. Deshalb ist eine der wichtigsten Fragen, ob es möglich ist, die Aufgaben so, wie man es sich vorgestellt hat, an diesem konkreten Arbeitsplatz zu erfüllen.

PROBIER DAS MAL

Bei allen angesprochenen Punkten (und darüber hinaus) kann dir deine Intuition helfen, die richtigen Entscheidungen zu treffen. Überleg dir in allen Einzelheiten,

- in was für einem Team du arbeiten möchtest (oder lieber ganz allein?),
- in welchen Räumen du dich während der Arbeit aufhalten willst (inklusive der Möbel und Werkzeuge),
- wie viel Geld du dir als Lohn für die Arbeit wünschst und
- welche Aufgaben dein konkreter Arbeitsplatz beinhalten sollte.

Beste Gesundheit

»Es kommt darauf an, den Körper durch
die Seele und die Seele mit dem Körper zu heilen.«
Oscar Wilde

Es sind gar nicht so wenige, die glauben, auf ihre Gesundheit und die Dauer ihres Lebens keinen Einfluss zu haben. Für sie kommt die Gesundheit vom lieben Gott, und wenn der einen freien Tag hat, vom Arzt oder vom Krankenhaus.

Richtig daran scheint mir, dass wir nicht hundertprozentig entscheiden können, wie es uns gesundheitlich geht. Dafür sind die Dinge zu komplex. Die Umwelteinflüsse sind kaum überschaubar und oft nicht einmal vollständig bekannt. Die Luft, die wir atmen, das Wasser, das wir trinken, die Lebensmittel, die wir essen, und die Strahlungen, denen wir ausgesetzt sind, lassen sich nicht alle untersuchen, bevor wir uns ihnen aussetzen.

Trotzdem halte ich es für grundfalsch, sich von der Verantwortung für seine Gesundheit komplett freizusprechen. Mehr und mehr steigt das Bewusstsein dafür, dass man mit relativ einfachen Mitteln die Wahrscheinlichkeit eines langen, gesunden Lebens erhöhen kann.

Lifestyle Medicine wird vermutlich das nächste heiße Ding in dieser Debatte. Dass die Lebensweise einen entscheidenden Einfluss auf das Wohlbefinden darstellt, weiß wohl im Grunde genommen jeder. Wenn man ausgeschlafen ist, fühlt man sich besser, als wenn man die Nacht durchgemacht hat. Isst man etwas Unverträgliches, geht es einem schlecht.

Deshalb empfehlen viele ÄrztInnen und GesundheitsexpertInnen Bewegung, Schlaf, richtige Ernährung und Gelassenheit als die vier Säulen eines gesunden Lebens. Allerdings übersehen viele dabei, dass allgemeine Regeln nur einen groben Überblick darüber zu geben vermögen, was, wann und wie viel dem Einzelnen guttut. Diese Lücke kann letztendlich nur die Intuition und die darauf basierende Erfahrung schließen.

Die Umsetzung der Regeln ist noch mal ein Extrathema. Wer schafft es schon, wirklich das zu tun, was »eigentlich« und »an sich« für die Gesundheit gut wäre. Auch hierbei kann das wahre Selbst – die Intuition – wertvolle Hilfe bieten. Nur sie kann zwischen der Lebensfreude und dem richtigen Verhalten vermitteln; denn *oft besteht das Problem darin, dass eine gesunde Lebensweise als lästig und freudlos empfunden wird. Das muss aber nicht so sein, wenn man sein Innerstes befragt.*

Beispielsweise brechen nicht wenige schon zusammen, wenn sie nur sehen, was Fitness-ExpertInnen ihnen zumuten wollen. Dabei könnte ein täglicher halbstündiger Spaziergang schon reichen, um Ausdauer, Kraft und Beweglichkeit ein Leben lang aufrechtzuerhalten. Oder jemand hätte Lust, regelmäßig zu tanzen, meint aber ins Fitnessstudio gehen zu müssen, um in Form zu bleiben.

Und was ist von dem notwendigen Schlaf vor Mitternacht zu halten? Ich weiß es nicht. Aber du kannst es selbst für dich herausfinden. So wie der britische Bluesmusiker John Mayall, der 2019 mit 86 Jahren sein gefühlt hundertstes Album vorgelegt hat. Angesichts seiner vielen Live-Konzerte dürfte er in seinem Leben nicht allzu oft vor Mitternacht ins Bett gegangen sein.

PROBIER DAS MAL

Wie ist dein Verhältnis zu deinem Körper? Hörst du auf ihn? Er kann dir am besten sagen, ob du gesund lebst. Egal ob es um Bewegung, Ernährung, Schlaf oder Entspannung geht, dein Körper weiß am besten, was ihm bekommt.

Er toleriert viel, aber wenn du dich zu lange über seine Bedürfnisse hinwegsetzt, lässt er dich das spüren. Du bekommst Schmerzen oder Krankheiten, erst leichte, dann zunehmend schwerere. Sie klingen wieder ab, sobald du deinem Körper versprichst, dich von jetzt an um ihn zu kümmern, und wenn du diesem Versprechen Taten folgen lässt.

Erfüllst du seine Bedürfnisse, dankt er es dir mit Wohlbefinden. Du fühlst dich gesund, hast Energie, Kraft und Ausdauer.

Du kannst deinen Körper jederzeit fragen, was er braucht, um sich richtig gut zu fühlen. Spür mal in dich hinein: Was möchte dein Körper jetzt, in diesem Moment?

....

6

Wie es weitergeht

Außersinnliche Wahrnehmungen sind Formen der Intuition, die über das hinausgehen, was die meisten Menschen erfahren. Sie sind nicht notwendig, um sich des Lebens zu erfreuen. Dazu genügt es vollkommen, seinen Glücksgefühlen Beachtung zu schenken.

Wo die Intuition einen hinführt, lässt sich in der Regel nicht voraussehen. Aber häufig übertrifft sie alles, was man zu träumen wagte.

Intuition für Fortgeschrittene

Eine Lehrbuch-Definition dessen, was Intuition ist, habe ich bisher nicht gegeben und werde es auch an dieser Stelle nicht tun. Das gesamte Buch ist meine Antwort.

Im Grunde genommen ist es rätselhaft, worum es sich bei der Intuition eigentlich handelt. Es wird viel darüber spekuliert. Daran will ich mich hier nicht beteiligen. Ich habe sie gelegentlich dein wahres Selbst genannt. Das mag genügen, weil es mir klar genug scheint.

Wichtig ist allein, dass du in Kontakt mit deiner Intuition bist, ihre Mitteilungen verstehst und beachtest.

Wer kann mit Gewissheit sagen, was Schwerkraft, Magnetismus oder Elektrizität wirklich sind? Darüber gibt es Theorien. Entscheidend ist, dass man damit arbeiten kann und sie zu nutzen weiß. Genauso ist es mit der Intuition. Mir geht es in diesem Buch nur darum, dass du mit ihr arbeiten kannst und sie zu nutzen weißt.

Mediale Fähigkeiten sind dafür nicht erforderlich. Du musst weder hellsehen noch mit Engeln kommunizieren können. Damit will ich nicht sagen, dass es das nicht gibt. Aber für den Gebrauch der Intuition ist es keine Voraussetzung.

Jeder ist in der Lage, Verbindung mit seinem wahren Selbst aufzunehmen und körperlich spürbare Antworten auf seine Fragen zu erhalten. Das ist nicht allzu schwer. Ich hoffe, ich habe es in diesem Buch nicht komplizierter dargestellt, als es ist.

Die meisten von euch dürften bereits Erfahrungen mit der Intuition haben. So ging es mir jedenfalls. Als ich darüber Bücher las, schien es mir furchtbar schwierig, bis mir irgendwann ein Kronleuchter aufging: Ach, das meinen die, das mache ich doch schon die ganze Zeit, wenn auch nicht bewusst.

Intuition ist die natürlichste Sache der Welt.

Manche gehen zu WahrsagerInnen, wenn sie nicht weiterwissen. Das kannst du dir sparen, wenn du mit deinem wahren Selbst auf Du und Du stehst. Seriöse WahrsagerInnen – ich weiß, dass manche das für einen Widerspruch in sich halten, aber egal – sind ebenfalls der Meinung, dass sie nur in den Fällen, in denen jemand den Kontakt zu sich verloren hat, einzugreifen brauchen. Die anderen wüssten von alleine Bescheid.

Übrigens richten sich auch diejenigen, die über übersinnliche Wahrnehmungen verfügen, nicht immer nach den Botschaften, die sie empfangen. Sonia Choquette etwa, deren Bücher ich sehr schätze, hat sich – so sagt sie selbst – bei der Wahl ihres Partners vertan, obwohl sie es hätte besser wissen können.

Wenn die Intuition nicht beachtet wird, ist die »schlechte« Erfahrung offensichtlich »gut« und wichtig, damit die Person sich weiterentwickeln und lernen kann, besser auf ihr wahres Selbst zu hören. »Negative« Erfahrungen wiederholen sich so lange, bis die Lektion verstanden ist. Jede Seele strebt nach Selbstständigkeit. Die Suche nach Antworten in der Außenwelt ist daher zwangsläufig auf Dauer unbefriedigend.

Niemand muss die Zukunft kennen, um die richtigen Entscheidungen zu treffen. Es reicht, dem Glücksgefühl zu folgen. Dann entfaltet sich die Zukunft aufs Wunderbarste.

Alles strebt nach Glück und Harmonie. Alle Wesen sind beseelt. Das gesamte Universum ist intelligent. Es ist ein großes, göttliches, kosmisches Spiel, das komplexeste und fabelhafteste, das jemals erfunden wurde, aber auch das geheimnisvollste.

Ja, es gibt Probleme, aber die sind wichtig für dein Wachstum. Drachen steigen gegen den Wind auf. Muskeln werden durch Widerstände stärker. Die Seele entwickelt sich durch Probleme.

Wie bei einem Spiel. Auch da gibt es Hindernisse, aber sie halten die Spieler nicht auf Dauer ab, nur vorübergehend. Mit jeder Runde wächst die Einsicht in das Spiel, und es macht immer mehr Spaß. Die Spieler müssen allerdings beides lernen: gewinnen und verlieren.

Das Spiel des Lebens erstreckt sich über mehrere Existenzen. Der Kulturanthropologe Wolf-Dieter Storl hat ein schönes Bild dafür gefunden: Wir setzen unsere Pläne am nächsten Tag fort. Er hatte vor, dem Nachbarn im Garten zu helfen, kam aber nicht dazu. Also steht er am nächsten Tag mit der Absicht auf, dies nachzuholen. Jedes Leben ist wie ein neuer Tag.

Wir fürchten den Tod und haben keine Ahnung vom Leben, vom göttlichen Spiel. Es geht nicht um Reichtum und Macht. Wie entwickelt sich die Seele? Darauf kommt es an.

Lass dich überraschen

Wo wird dich die Intuition hinführen? Lass dich überraschen. Es könnte besser sein, als du es dir im Moment ausmalen kannst.

Die meisten leiden darunter, dass sie nicht wissen, was die Zukunft bringen wird. Sie hassen die Ungewissheit.

Aber stell dir mal das Gegenteil vor: Du wüsstest genau, wie es den Rest deines Lebens weitergeht. Erst kommt das, dann das und danach das. Wäre das nicht furchtbar langweilig?

Du liest ja auch nicht das letzte Kapitel des Romans zuerst. Bei einem Krimi ist dann der ganze Reiz weg. Die Spannung, die überraschenden Wendungen: alles verloren.

Wüsstest du jetzt schon, was die nächsten Jahre bringen, würde die Angst nicht abnehmen und die

Freude würde nicht größer. Im Gegenteil: Falls klar wäre, dass etwas Unangenehmes auf dich zukommen wird, würdest du deines Lebens vorher nicht mehr froh. Was die Zukunft an Angenehmem für dich bereithält, würdest du jeden Tag mit zunehmender Ungeduld herbeisehnen.

Sobald das nächste Ereignis einträte, könntest du einen Haken dahinter machen; denn es stand schon lange auf deiner Liste der vorausgesehenen Geschehnisse.

Deine Zukunft ist offen. Mit jeder Entscheidung, die du heute triffst, gestaltest du sie. Die Intuition hilft dir dabei – wenn du willst. Indem du dich von deinen innersten Glücksgefühlen leiten lässt, brauchst du die Zukunft nicht zu fürchten. Die tief in dir spürbare Weisheit führt dich sicher durch alle Schwierigkeiten, erschließt dir Möglichkeiten, die du sonst übersehen würdest, und erlaubt dir, dein Leben so zu entfalten, wie du es liebst. Mit vielen Überraschungen, aber stets zu deinem Besten!

Literatur

Beck, Martha: *Das Polaris-Prinzip. Entdecke, wozu du bestimmt bist – und tue es!,* Integral: München 2004

Choquette, Sonia: *Your Heart's Desire. Instructions for Creating the Life You Really Want,* Hay House: London 2011

Gendlin, Eugene: *Focusing. Selbsthilfe bei der Lösung persönlicher Probleme,* Rowohlt: Reinbek bei Hamburg 1998

Hohensee, Thomas: *Gelassenheit beginnt im Kopf. So entwickeln Sie einen entspannten Lebensstil,* Knaur: München 2015

Hohensee, Thomas: *Heute bleibe ich gelassen,* Scorpio: München 2019

Sisgold, Steve: *What's Your Body Telling You? Listening To Your Body's Signals to Stop Anxiety, Erase Self-Doubt and Achieve True Wellness,* McGraw-Hill: New York 2009

Wright, Simone: *First Intelligence: Using the Science and Spirit of Intuition,* New World Library: Novato 2014